U0063715

池田大作與馬吉特・德拉尼安

21世紀的選擇

◎ 池田大作　馬吉特・德拉尼安　著

商務印書館

21 世紀的選擇

作　　者：池田大作　馬吉特‧德拉尼安

責任編輯：黎彩玉

出　　版：商務印書館（香港）有限公司

　　　　　香港筲箕灣耀興道 3 號東滙廣場 8 樓

　　　　　http://www.commercialpress.com.hk

發　　行：香港聯合書刊物流有限公司

　　　　　香港新界大埔汀麗路 36 號中華商務印刷大廈 3 字樓

印　　刷：美雅印刷製本有限公司

　　　　　九龍觀塘榮業街 6 號海濱工業大廈 4 樓 A

版　　次：2010 年 6 月第 1 版第 1 次印刷

　　　　　（精）ISBN 978 962 07 6436 3

　　　　　（平）ISBN 978 962 07 6437 0

　　　　　Printed in Hong Kong

目 錄

建構以寬容與共生為基礎的 "新地球文明"

● 池田大作

　　1992 年 7 月，我首次與和平學者馬吉特・德拉尼安博士（Dr. Majid Tehranian）見面。德拉尼安博士為前往絲路遺跡途中，停留東京，我獲得與他交談的機會。他的眼神，有着春光般的溫暖，談話時語調溫和，但一論及戰爭與和平問題，語氣變得堅定。他熱情的風采，給我極深印象。

　　我覺得，我看見了心靈深處 "信念之火焰"。

　　德拉尼安博士與我，皆擁有在戰爭風暴中渡過少年時代的經驗。

　　他於 1937 年出生於伊朗的馬什哈特（Mashhad）。不久後第二次世界大戰爆發，街市遭到轟炸並被佔領。年幼的他對於戰爭的悲慘，一定銘刻肺腑。

　　"我深深體會到，戰爭使人變成 '野獸'。" 德拉尼安少年憎惡戰爭。他將憤怒化為決心，他決心終其一生，奉獻給世界和平的建設。

　　青春歲月即使遠渡美國，在哈佛大學唸書的同時，也為祖國的民主運動奮鬥。因此當他回國時，在機場遭到逮捕，獲釋後還被政府當局監視了七年之久。

　　但德拉尼安博士沒有停止信念的腳步。

如箴言所説，"波浪遇阻，更成大濤"（愈挫愈勇），他"尋求和平的心"愈加堅定。所以，他的一言一句非常有份量，發出了身為"行動的和平學者"所鍛鍊過來的、奮鬥睿智的光芒。

　　為了將吾師戶田城聖創價學會第二代會長，向社會提出"地球民族主義"與"禁止核武宣言"等先見之明的和平思想，永遠留存下來，1996 年 2 月，我創立了"戶田紀念國際和平研究所"。這是我醞釀多年的構想。

　　當時，我敦請德拉尼安博士擔任第一任所長。對於他與現實社會中辛苦的大眾站在一起從事研究的姿態，以及身後如銅牆鐵壁般的信念，我深受感動。

　　他答應就任所長後不久，我們第二次見面。而決定進行有關"文明間之對話"的對談，也就在這個時候。

　　從此，他在研究所的活動，均以"世界公民間的文明對話"為宗旨，將和平研究的網路向世界推廣，也經常以當今最重要的課題作為研究主題。

　　今年（2000 年）2 月，紀念戶田第二代會長百歲誕辰，在沖繩舉辦了有關"文明間之對話"的國際會議。今後也預定在莫斯科、北京等地召開這樣的會議，期待能獲得豐碩的成果。

　　德拉尼安博士對宗教的造詣也極深。

　　在進行架構文明之間的"橋樑"時，他強調宗教所薰陶的"寬大的心胸"是很重要的。於哈佛大學研究所時代，他曾跟隨著名的宗教學家保羅・田立克博士（Paul Tillich）學習宗教。

田立克博士是代表二十世紀的神學家之一，對佛教也非常關心。他將宗教的本質定義為"終極關懷存在之概念的根源"。我個人也認為，人在盡其一切善之精神，從事追求生命意義的宗教精神活動中，才有薰陶出悟得生命尊嚴之"寬大心胸"的土壤。

田立克博士說："生命力就是不失去自己且能超越自己、創造自己的力量。"（摘自《存在的勇氣》）

我曾在（1993 年 9 月）哈佛大學，以"二十一世紀文明與大乘佛教"為題，進行了第二次的演講。當時，我借用了杜威的話，分別以"宗教"和"宗教性"來論述，也是將此"生命力"作為思考點，以如何引導人的內發力量作為演講的主軸。

不是民族、種族和文化的差異導致對立或分裂。撕裂人與人之間、產生負面能量的，是人心；而統御人心，使彼此的差異互相發光，並轉為"創造價值之泉源"，正是宗教應該扮演的角色。

將眼光投向"永恒"、"普遍"的存在，能使人性蘇生。我認為，現今時代所需要的世界宗教，第一要件即在於此。視"多樣性正是生命之證明"的宗教，具有肯定"差異"為人類社會帶來更多豐碩的果實，並以最有價值的形態予以活用的"智慧"。

我們透過對話，溯及釋尊和穆罕默德此佛教和回教的精神源流，並試着從中汲取應還原於現代的思想性。因為我們認為，不只是共同點，在認同差異並超越的其中，存在着未來“人類之睿智”的主軸。

　　二十一世紀開端的 2001 年，聯合國訂為“文明對話年”。

　　回顧人類悠久的歷史，在不同的文明不斷地互相接觸與交流中，創造了嶄新而偉大價值的例子，不勝枚舉。歷史學家阿諾爾德・湯恩比博士（Arnold J. Toynbee）在其巨著《歷史研究》所呈現出來的，也是此“文明衝突”的物力論。

　　然而，在今日經濟全球化的聲浪中，人們失去依靠的基礎，於是在心中追求自我認同，而漸漸“內化發展”。

　　摩擦和紛爭日趨激烈，令人擔心“文明衝突”的發生。

　　是應強行給予特定價值觀的“單一化”？還是毫無節制且無止境地“分裂化”呢？要從有如希臘神話中的“米諾陶爾迷宮”（Minotaur's Labyrinth）此隘路中，將每個人的尊嚴和生命拯救出來的線，這條“阿里阿德的線”（thread of Ariadne），究竟是甚麼？

　　我們認為，是人與人之間的一對一“對話”。

　　身為“國際傳播理論”（international communication）專家，正在夏威夷大學任教的德拉尼安博士，對於現代世界所面臨的危機，清楚地談到：“我們所面對的新世界，交流的管道雖然在擴大，卻是一個對話少之又少的世界。”

　　的確，隨着互聯網絡的迅速普及，“IT（資訊技術）革命"盛行的時代，傳達資訊的手段已相當地完整。但僅止於此，並無助於縮短人與人之間心靈的距離，以及使人們相互理解以致產生信任，同時也產生了刻板的資訊片面增加，許多人只能被動地接受的狀況。同時，被稱為"數碼鴻溝"（digital divide）之資訊差距的問題，也受到了密切注意。

德拉尼安博士對於資訊化社會的陷阱，敏銳地提出警告，可說是一針見血的指摘，令我想起哲學家馬丁・布伯（Martin Buber）的話。他說："（真正的對話）不是不現實地看着對方，連打招呼也不打的表面性的對話，而是確信與確信的真正對話，坦誠相待的人格與人格的真正對話。"（摘自《我與你・對話》）

現今世界所需要的，不正是這種"開誠布公的對話"精神嗎？

即將迎接世紀轉換的今日，在企世界和平的地區，也開始出現尋求"對話"的潮流。

今年（2000 年）6 月，分隔半世紀以上的南韓（大韓民國）和北韓（朝鮮民主主義人民共和國），首次實現了最高領袖的直接對話。7 月，在美國的協調下，以色列與巴勒斯坦之間持續強化關於中東和平的對話。這些都是因多年來嚴重對立，被認為很難互相讓步的地區。中東的和平談判很可惜沒有達到最後的共識，但我們很盼望能往和平共存的方向踏出一步。

因"憎恨"和"排他"的心而破裂，因"不寬容"而乾涸的大地，只要一滴一滴地灌入"對話"的水，"信任"和"友情"的沃野將會不斷延展開來。

看似繞遠路，但我深信這是最可靠、永不崩毀的道路。

為此目的，不僅在政治層面，我們必須在廣大的民眾層次上，也推動"對話的潮流"。我能力雖有限，但我不斷地與有基督教、印度教等各宗教和文化背景的有識之士，以及社會主義國家的人士進行對話。我是從"人"這個普遍的層次，摸索着通往和平的道路。

這次能與在國際社會擁有崇高地位，對於回教世界造詣深厚的德拉尼安博士，進行有關文明極有意義的"對話"，感到非常高興。

在二十一世紀出發之際出版這本書，若能向着世界擴大連結人與人之間的"精神絲路"，並為建構以寬容與共生為基礎的"新地球文明"提供些許淺見，則深感幸甚。

2000 年 8 月 14 日

佛教與回教的歷史性接觸

● 馬吉特・德拉尼安

　　希臘逍遙學派的哲學家們，很清楚最具啟發性的學習方法是對話。蘇格拉底、柏拉圖和亞里斯多德都是一邊在雅典的庭園散步，一邊講課，他們絕不會把自己關在今日大學那種欠缺個性的大講堂。

　　教師與學生的關係是直接的，更為親密且屬於個人的關係。

　　他們互相提問題，不將任何事物視為當然，一切的一切都是他們討論和研究的對象。透過對話，從對立的想法和觀點中找出真實。會話是開放性的，真理是追尋更高層之真理的"糧食"（手段）。

　　任何人都不會說，他發現了最後的真理。

　　1992 年我前往絲路的長遠旅途中，於日本首次與池田大作先生見面，在他身上，我發現了非常重視對話藝術的另一位蘇格拉底。

　　他的身體和精神都極為機敏。

　　見面之前，他已經知道我是怎樣的一個人。所以一碰面，他讓我覺得很輕鬆，於是我們展開了三個小時，可說是我一生中最快樂的對話。

事實上，在教育學方面，我從他那裏學習很多。

夾雜着其他話題，我們對話的焦點，自然而然地交滙在沿着絲路的佛教文明和回教文明的接觸上。在對話中，我建議與阿諾爾德·湯恩比博士的對話集《展望二十一世紀》（《眺望人類新紀元》），以及與約翰·戈爾通博士（Johan Galtung）的對話集《和平的選擇》一樣，將我們的對話內容也出版成書。

期間我們談了好幾次，信函也往來多次，歷經八年的歲月。我學到了世界上雖有各種各樣不同的經驗和想法，但是兩個具有良好心志的人見面，各就其所相信的、開誠布公的傾談時，能獲得更具普遍性的真實。

我深信此事，故此願意將本書獻給親愛的讀者，這正是透過絲路，幾千年以來所進行的事情。擁有不同宗教信仰的商人們——拜火教、印度教、佛教、儒教、猶太教、基督教、回教徒們，彼此交換了物質和思想。

繼透過絲路第一個世界性的經濟交流後，二十一世紀第二個世界性經濟交流隨之興起。在此，將會造就出以超音速運輸和電子交流為基本對話手段，此一新地球文明的基礎。

池田先生對此文明的建構，貢獻卓著。

池田先生是現代的對話高手。

四十年來，他曾與多采多姿的世界領導者，有過多達一千五百次的對話。這些人士包括萊納斯·波林（Linus

Pauling）、欽基茲・艾特馬托夫（Chingiz Aitmatov）、奧里利歐・貝恰（Aurelio Peccei）、亨利・基辛格（Henry Kissinger）、米歇爾・戈爾巴喬夫（Mikhail Gorbachev）等。因出版這些對談集，池田先生為幾百萬人介紹了豐富的世界文化，促進和平運動，擴大地球公民的團結。

除了國際創價學會（Soka Gakkai International，簡稱 SGI）會員以外的幾百萬人，都非常敬仰且稱讚池田先生。

本書的內容，反映出我們兩人關心的話題。

以兩個世界文明為背景，經歷過現代人性主義和科學技術文明之交合的我們，其世界觀皆有對於傳統觀點和現代觀點多層次的對照。

本書首先提到對話的重要性，並針對二十一世紀人類物理與文化上的生存問題進行對談，接下來，互相介紹佛教和回教文明的世界觀與文化。其次，討論歷史上佛教與回教的接觸、回教神秘主義的哲學與詩的出現及興隆、現代世界教會主義和基本教義等話題。第三是包括文化、發展、正義等各種生活領域，對話所扮演的角色。最後討論政治上、經濟上、文化上的分割和緊張所造成的分裂世界，對話能作出怎樣的貢獻。

在這八年歲月的對話中，我們學習了很多事情。我無法一一舉出大名，但由衷感謝支持和協助我們對話的各位先生與女士。

希望本書對於在全球化時代，欲進一步了解國際性且多樣文化的人們，能有所助益；更希望各位與所遇到的人，尤其是外國人，一起嘗試追求透過自身的對話所得到的真理。

　　最後，我想介紹我所敬愛的十三世紀波斯詩人哈菲茲的詩：

　　讓我們來對話吧
　　在兩個人生的十字路口
　　因為現在告別之後
　　也許不會再見面

2000 年 7 月 19 日

第 一 章

佛教與回教 —— 和平的對話

❖ 身體力行的和平學者

池田 我最尊敬為和平奮鬥的人。談論和平的人雖多，但能在現實上採取行動的人並不多。我覺得能與行動的和平學者德拉尼安博士對談，真是高興。

德拉尼安 我也很高興，請多多指教。

我與池田會長見面多次，每次都覺得非常充實，感到時間過得很快。跟會長交談，覺得心平氣和。可惜對話時想談的事情太多，談不完、時間不夠，是最大的遺憾。

池田 能獲得"傳播理論"權威學者這樣的肯定和鼓勵，給我莫大的勇氣。

博士最近去過南非的德爾班 (Durban) 吧。

德拉尼安 是的。我們戶田紀念國際和平研究所 ① 主辦，以非洲糧食安全保障為主題的國際會議於 1998 年 6 月舉行，得到創辦人池田會長給我們懇摯的賀電，在此由衷感謝。

會議開始時，我宣讀了會長的賀電，與會者反應熱烈。我十分清楚，會長很早就說過"二十一世紀是非洲的世紀"，會長對非洲非常關心。

池田 我會盡我所能地與以曼德拉 ② 總統為首的非洲各界人士見面。

我記得，德爾班與聖雄甘地 ③ 有很深的因緣呢！

德拉尼安 一點也不錯。德爾班是南非的第三大都市，可說是非暴力和平運動的原點。甘地從十九世紀末開始 21 年

池田　關於甘地，希望以後還有機會討論。從印度和巴基斯坦的核爆試驗看來，我覺得人類在進入二十一世紀，實應重新評論非暴力主義及其運用之道的必要；人類絕不可發動核子戰爭。

德拉尼安　我完全同意。今日戶田和平研究所的主要研究計劃，是"人類安全保障"，我們以此為重要課題，思考廢除核武的方法。我並非單坐在那裏做研究，而是為了爭取廢除核武，連結睿智的網絡而行動着。

❖ 我們的成長——小時候的回憶

池田　對話之前，為了增進彼此的了解，我想請博士先談談你的成長路。

德拉尼安　我是於 1937 年出生於伊朗的馬什哈特。"馬什哈特"這個地名，源自"殉教之地"這句話。回教什葉派的最高領袖——第八代伊馬姆・列札 ④ 長眠於此。

　　九世紀時，擔任呼羅珊省（Khorasan）省長的列札師來到馬什哈特，到任不久就被敵對者下毒暗殺了。列札師以公平、正義的領導者聞名，因此大家對他的死感到非常惋惜，故將這個地方命名為意味着"殉教之地"的"馬什哈特"。

池田　據說時至今日，作為墓地的伊馬姆・列札寺，每年都有來自世界各地的什葉派巡禮者前來朝聖，此地因而馳名。

德拉尼安　是的。所以在那裏出生的我，不論高興與否，從小就被有意識地灌輸具有"馬什哈特"這個地方特有精神意義。

現在我在夏威夷生活，每當想念故鄉時，浮現在眼前的，就是伊馬姆‧列札寺的金黃色圓頂，以及依附在旁的高塔。圓頂在市鎮的中心，從我家也能清楚地看得到。在那裏，可以聽到日出、中午和日落時從塔中播放出來的召喚禱告的聲音。

池田　有如陽光般閃亮的金黃色圓頂，以及環繞着街市的禱告聲……，這些情景正是貴國的象徵。

我是於 1928 年出生在東京的太田區，當時那裏宛如都市中的鄉下。記憶最深刻的是，從我家附近的海岸眺望出去，是非常漂亮且青翠的大海。由於老家經營收集海苔的培殖漁業，所以印象特別深刻的，就是家父在滿潮的半夜外出工作的背影，以及在背後拚命協助的家母。

德拉尼安　我最難忘的，則是家母朝夕唱唸《古蘭經》⑤（編按：也稱《可蘭經》，本書採《古蘭經》譯法）的美麗聲音。小時候經常聽到的這個聲音，在我心中植下深厚的宗教情懷。

我的每一天，就以鐘聲、告知禮拜時間的詠唱，以及家母唱唸《古蘭經》的聲音作為區分，日子一天天渡過。這樣的生活給予我幼小的生命美麗的規則性，也令我銘記這個世上，還有超越自己的世界。

現在回想起來，我一出生在不知不覺中，就經驗了精神生活的世界。

❖ 愚蠢的戰爭，使人變成野獸

池田　母親的聲音中，有着和平的聲響。

我十一歲時，可惡的第二次世界大戰爆發，當時博士是幾歲呢？

德拉尼安　那時我只有兩歲。儘管伊朗宣佈中立，仍然遭到盟軍的侵略和佔領。當時盟軍方面的蘇聯的一部分地區被納粹德國包圍，於是伊朗被盟軍利用作為從波斯灣運送戰略物資到該地的"勝利之橋"。

另一方面，我的故鄉馬什哈特也遭受轟炸，被蘇聯軍隊佔領。我記得當時走在街上，為了避免被蘇聯軍隊的炮彈碎片打到，還躲在家母的大面紗後面。

池田　戰爭徹底毀掉人們幸福的生活。原本是充滿生氣之地，竟然在一天內變成了廢墟，所愛的人一個接一個死去，戰爭的殘酷和悽慘，只有親身經驗過的人才知道。

德拉尼安　真的是如此，我也有痛苦的回憶。

我的胞兄們在市營的游泳池游泳時，蘇聯大兵突然出現，他們看到胞兄便將他們壓在水裏，幾乎快窒息才興高采烈地離去……。這種情況發生了好幾次，他們可能是看到胞兄們痛苦的樣子，覺得好玩吧。所以從那時候起，我的心中便埋下對於戰爭的憎惡，因為我明白戰爭會使人變成 "野獸" 這個事實。

　　雖然有時蘇聯大兵也會給小孩糖果、餅乾，但這樣的好心，是極為特別的例外。

❖ 開始走向和平之路

池田　"沒有比戰爭更殘酷！沒有比戰爭更悲慘！" 這段話是我的小說《人間革命》一書的開端。這句話絕非觀念，更不是傷感等情緒，我在這部小說中寫下了對於將所有人捲入悲劇之戰爭，感到強烈的憤怒。

德拉尼安　我非常感動。

　　我把對戰爭的憤怒化為行動，是在上學後能讀、能寫時開始的。我的反戰情緒首先走向愛國心。小學二年級時，我們出版手工製作的雜誌，成為未來的新聞記者。在那份雜誌中，我們刊登了報導、漫畫，也寫社論。現在回想起來，是很簡陋的東西。

池田　太好了，是甚麼內容呢？

德拉尼安　社論的重點，放在聯軍侵佔伊朗這件事，那時我們在學校聽到一個故事，那就是有一對姊妹在互搶一個娃娃，結果娃娃被撕裂，大家都哭了，我們就以這則故事加以論述，並配合故事主題，將盟軍（北方是蘇聯，南方為英國）在爭奪伊朗的地圖，放入漫畫當中。

買了這份雜誌的祖父說："你們做了一件好事，不過，恐怕會遭到審查。"就這樣，決定了我的命運。我成為口不遮攔的反戰主義者和反帝國主義者，終生以筆桿奮鬥的人。

池田　與傲慢的權力搏鬥到底，才是真正的正義勇士。

我十九歲時，初逢吾師戶田城聖⑥第二代會長，之後得知創價學會以和平思想的佛法為骨幹，在第二次大戰期間，因與瘋狂從事戰爭的軍部政府鬥爭，牧口常三郎⑦初代會長死於獄中，戶田會長也坐了兩年牢。

從此以後，我開始步上以佛法為基礎的"和平之路"。

❖ 人的真正價值，顯現於"與權力的鬥爭"

德拉尼安　我曾因不當的理由被扣留過，所以非常能夠了解，即使被監禁也不改變信念的牧口、戶田兩位會長的偉大。

我從伊朗前往美國，在哈佛大學唸書時，曾以伊朗同學會會長的身分，投身於祖國的民主化運動，因此成為伊朗秘密警察的目標。1971 年我三十四歲時，當時想返回思念已久的故鄉。雖然雙親告訴我，回國對我不利，但因哈佛時的同學是伊朗政要的朋友，希望我能"與他一起工作"，我終於鼓起勇氣回去了。

池田　您是特意回國的吧。

德拉尼安　是的。回到伊朗當天，看過我護照的秘密警察，遂查閱黑名單，突然微微一笑。他大概是因為"逮到了反體制派的領袖"而高興吧。

　　我立即被帶到機場的警備室。當時從走廊的窗戶，我看到家人在向我揮手。他們原本以為我辦完手續就會立刻出來，當看到我被警察帶走時，臉上充滿了恐懼。因為大家都知道，伊朗殘酷又獨裁的歷史。

池田　大家一定覺得很意外（怎麼會這樣）而非常擔心。

德拉尼安　於是我留言給家人："因在政府工作的朋友替我保證，所以請放心。他們逮捕我是一種誤解，請各位回家吧。"

　　隔天早上，他們得到當局"我不是危險分子"的保證，於是把我釋放了，但要求我必須"隨時報到"、"沒有得到當局許可不得出國"。從此以後，我被監視了七年，之後雖然開始工作，最初甚至拿不到薪水。

池田　真是令人感慨萬千的真實證言。

　　我曾經與牧口會長和戶田會長一樣，以莫須有的罪名被捕入獄。忘也忘不了1957年的7月，我二十九歲，懼怕民眾運動抬頭的權力者，為了在運動還沒有擴大之前先行消滅，橫蠻地把我關起來。但我絕不屈服權力者的彈壓。

德拉尼安　對於創價學會三代會長的人生態度，我非常感動，三位不但超越了個人的苦惱，而且不原地停留、進而為人類奮鬥到底，也因此創造出崇高而美麗的價值。

　　世界上有許多苦惱的人，但能像三位會長，將自己的人生轉換為"為人類奮鬥的崇高人生"並不多。

❖ 對和平的 "不斷挑戰" 與對 "責任的挑戰"

池田 我的事暫且不談，我深深感受到：一流的人能以一流的層次，看到應該看到的事體。超越了自身的煩惱和痛苦，將自己轉變成能貢獻社會和人類的人，這也正是我們國際創價學會所努力的 "人間革命" 運動的重點。

德拉尼安 基於此意義，我覺得 "創價" 學會（創造價值）這個名稱，非常有意義。

聖雄甘地、馬丁・路德・金 ⑧ 等開創歷史新 "創造之路" 的人，都是出生及生活於價值觀危機的時代。在這種時代裏，為了要使新 "創造的智慧" 發出光芒，最重要的，就是培養不屈服於境遇的 "自律之心"。

一般來說，"自律之心" 愈強的人，愈敢挑戰權威，愈能在與舊權威鬥爭中，開拓新的創造之道。

池田 為了在此危機時代走上創造價值的道路，"自律之心" 是不可欠缺的，博士的敏銳見解令我極為感動。

關於這一點，我的友人，哈佛大學努爾・亞曼 ⑨ 教授也說："'不斷的挑戰' 正是偉大創造價值的泉源。" 我認為，所謂 "不斷的挑戰"，就是每一位民眾要變得賢明，並建構起堅固的連結。思考 "和平" 此一問題亦然，民眾若無握有抑制權力狂亂的力量，則無法停止戰爭的悲慘結局。

德拉尼安 時代的趨勢雖然走向全球化（地球共同體），世界互相依靠的情況更為緊密，但遺憾的是，與其相呼應的

"全球性視野"，仍然處於發展中的階段。我很清楚，池田會長是這方面的先驅者，以世界性規模不斷進行思索和行動。

池田 承蒙誇獎，實在不敢當。

我希望為摸索與確立新的世界視野，成為"第三個千年"基本動向的一個集結中心，於 1996 年 2 月，創立了戶田和平研究所，並邀請博士擔任所長。

德拉尼安 就任所長一職，我覺得非常光榮。接到會長充滿真情的邀請時，立即感受到這份工作符合我所深信的大義，而且能與愛好和平的人們一起工作，是千載難逢的機會。

對於創價學會的存在，我一直很關心，在我個人的研究中，最後得到創價學會是一個"不屈不撓探求世界和平之團體"的結論。1992 年 7 月我初次與會長在東京見面時，這個想法更成為我的確信。

池田 過去博士曾接觸我創價學會的歷史，並談到："牧口初代會長以宗教改革之名，與權威的宗教搏鬥，以和平之名，與軍部的權力鬥爭。為了貫徹理念而犧牲的情形，我認為正是'價值創造者'最崇高的態度。"

能夠邀請到對於我們有如此深厚理解的博士，出任所長一職，與研究所的誕生，就我而言是雙喜之事。

德拉尼安 非常感謝。

就任所長，對一生探求和平的我而言，也是一項"對責任的挑戰"。研究所成立之初，我與工作人員討論研究所的使命，決心凸顯的是這個研究所"必須成為為新世界的嶄新的研究所。"我所謂的"新世界",就是"傳媒的渠道雖然日趨擴大,但對話本身卻是非常不足的世界。"

因此,戶田和平研究所便以"世界公民間的文明對話"為宗旨,以戶田第二代會長百年誕辰的 2000 年為目標進行研究。

池田　身為研究所創辦人的我,一定全力支持這個構想。

❖ 對話精神的重要性

池田　博士在我們對談的開始,曾提議要將此對談定義為"對話的選擇"。

德拉尼安　是的。會長與兩位卓越的學者,湯恩比 ⑩ 博士的對談集《生命的選擇》(英語版書名 *Choose Life*,中譯本《眺望人類新紀元》),以及約翰・戈爾通 ⑪ 博士的對話集《和平的選擇》,我都拜讀過了。

這兩本對談集,皆以和平手段探求和平、如何維護生命尊嚴等主題為焦點,這些都是自從有人類歷史以來就存在的老問題,也是今日極重要的問題;但在我們的時代,已進入"對談"是與"生命"、"和平"同等重要的歷史階段。

我認為"對話"或許才是保障"生命"與"和平"的唯一手段。

池田　由於我們的想法一致,因此我建議將此對談集的日文版書名,訂為《二十一世紀的選擇》。

我認為人之所以為人，終究是表現對話的精神，不是嗎？博士的祖國、伊朗大詩人薩迪 ⑫ 說："人因能言語而勝於禽獸。如不能談善事，禽獸將優於你！"

德拉尼安　"波斯三大詩人"之一的魯密 ⑬，也一再提及類似的話。我覺得，魯密希望把不同地區所誕生的文化遺產——佛教和回教連結起來，並成為兩個文明間的橋樑。

池田　薩迪和魯密都是將言語視為生命的詩人，所以能真正體會對話的重要。總之，從事不同文化、文明間的橋樑工作，在二十一世紀必將成為重要課題。

德拉尼安　是的。在今日，隨着市場和社會的全球化，國家之間、文化之間、文明之間的接觸必將愈來愈密切，規模也會日益擴大。

　　但另一方面，經濟、政治組織和體制，合作的同時也將更為競爭，雖然有交流和協議的機會，但還是會有認知不同與利益對立的狀況。此種"接觸"，如果欠缺相當的對話，將與在暴力和壓制之下沒甚麼兩樣，"憎恨的種子"仍會繼續種下去，且將持續幾年、幾十年……。

池田　以這樣的時代狀況為前提，有人倡說"文明衝突論"（哈佛大學塞繆爾・亨廷頓教授）⑭。但我以為，衝突不可避免的想法是不正確的，有隨意將對立之構圖定型的危險性。

　　即使發生衝突，真正的原因應該不在於文明本身，而是巢居於此的野蠻性；不是文明與文明之間，而是不承認不同集體之野蠻性的衝突。為了防止此種情況的發生，我們必須相信人所具有的善性，並不斷地大力呼籲"對話"的精神。

德拉尼安　我深有同感。以非友即敵之關係為手段，如果選擇"對話"，應該會產生互相理解的可能性，以及互相包容的可能性才對。

池田　"對話"是和平的武器，也是佛教的根本精神。

釋尊在世當時的印度社會，就某種意義上，與現代非常類似，社會處於變革時期、價值觀混亂，且是各種勢力互相對立的暴力時代。據說，即使在家裏也不能放下武器。

在這樣混亂的社會，釋尊為了人們的幸福，終其一生周遊各國，貫徹和平的行動。他的武器，就是"非暴力的對話"，釋尊透過對話，倡說生命的尊嚴，排斥以暴力領導社會。

❖ 站在"人性"的共同大地

德拉尼安　沒有對話的世界是黑暗的。若沒有"對話"，人只能在獨善這個黑暗中走下去。

池田　借用博士的比喻，所謂"對話"，也可說是黑暗中照亮自己腳下的光芒。

人與人的對話——一切從這裏開始。成為現今焦點的"文明之間的對話"，最基本的還是"人與人之間的對話"。

我訪問社會主義國家時，以"因為那裏有人"的信念，努力蓋搭"友好橋樑"至今。我深信，打破非友即敵這二者擇一的關係，站在“人性”此共同的大地，開誠布公的對話，必能找出解決問題的開端。

德拉尼安 池田會長的行動，的確是先驅。過去四十年來，您與湯恩比博士、戈爾巴喬夫前總統等全球各界的領導者，對話了一千五百次以上。

如您所說，找出“不同點”和“共同點”，就能從相互認同中產生新的價值。

池田 如同對待社會主義國家那般，我覺得以歐美各國為首的許多人，對今日的回教圈仍有千篇一律、先入為主的偏見，這是很危險的事情。

德拉尼安 我也憂心現今的情況，不過與各文化背景的有識之士一再對話，且以佛教和基督教為首積極從事宗教間對話的池田會長，我相信要建構這座很困難的“橋樑”，也是有實現的可能。

會長在國際社會，為了不使某特定國家“孤立”，率先採取了行動。我對於您欲搶救世界分裂的危機所作的努力，表示由衷的敬意。

池田 不不，看到博士您在戶田和平研究所短短的時間內，卻有輝煌的成績，說明了您正是全球化對話的推動者。

“更加理解”是加深友好的第一步。

生存於現代的我們，必須擁有肯定對方的長處，以及相互謙虛學習的雅量與態度。我真切的盼望，擁有不同信仰背景的我們的對談，能對於今日及明日社會的和平有所幫助。

德拉尼安　同感。我也會全力以赴。

❖ 基於"尊重他人"的坦誠對話

德拉尼安　之前已經介紹，戶田和平研究所將以"世界公民間的文明對話"為宗旨，推進研究工作。而為了探求這種境地，我們設定了一個可說是"對話規則"的行動綱領。並非詳盡的，而是一種建議的辦法，容我在此介紹。

池田　請説。

德拉尼安　共有十項。

一、尊重別人，全心全意地傾聽別人的意見。

二、尋求公意的共同基礎，但需認同和尊重意見的多樣性，避免小組性的思考。

三、不作不適當的干涉與沒有節制的干涉。

四、在討論自己的貢獻之前，要先認同他人的貢獻。

五、不要忘記沉默也是言語。發言只限於提出適當的問題，或敍述事實、主張，或弄清楚主張，使討論能更接近具體，或有需要更接近更大公意時。

六、意見有重大分歧時，在認同彼此分歧後再進一步討論。

七、絕不可為了通過自己意見，而扭曲別人的意見。在陳述自己不同意見之前，要盡力站在別人的立場，談到讓別人滿意為止。

　　八、任何討論事項，達到共識之後才可進行下一個議題。

　　九、作為團體的方針和行動，要找出包含共通點的意義。

　　十、感謝自己的同僚們所做的貢獻。

池田　這些都很重要。所有的項目，都以"尊重別人"為前提，與"坦誠對話"的觀點一脈相承。作為人類應有的對話模式，是非常值得肯定的。我相信，這是一項留於青史的嘗試。

德拉尼安　非常感謝。今後，我們還要從各種角度加以檢討，來推進研究的工作。

❖　**卓越的"對話人"，才是真正的和平主義者**

池田　在此意義上，回首歷史、回顧先人們的足跡，是非常有益處的。

　　與蘇格拉底 ⑮ 並列，我想舉出最出色的"對話人"，是生活於十六世紀法國，因宗教對立導致悲慘事件不斷的蒙田 ⑯，他在其《隨想錄》說："鍛鍊精神最有效而自然的方法，在我的想法，是對話，這是比人生其他任何行為都還要快樂的。"

德拉尼安　我也非常喜歡對話。

池田　這是真正"和平主義者"的證據。

蒙田又説："任何信念，即使與自己的信念如何不同，也不會傷害我。縱使是如何微不足道的以及很奇怪的思想，就我而言，沒有一件不認為是人類精神之產物"……。

德拉尼安　這與我們提出的規則，有相通之處。

池田　是的。將西塞羅 ⑰"沒有反駁，議論則不成立"的話，作為自身信念的蒙田，強調對話的目的正是在於探求真理。

　　時間與環境雖然不同，如前面提到的聖雄甘地，也是以"真理是神"為宗旨，徹底地排除派系屬性。他要讓全人類覺知，追求"神聖的東西"的精神力量、內發的力量，而貫徹非暴力的行動。

德拉尼安　說到甘地，聽到會長在印度甘地紀念館所作的演講（"邁向無戰爭世界——甘地主義與現代"，1992 年 2 月），我很感動。我也覺得所謂對話，與甘地所說的"尋求和徹底維護真理"有很深的關聯，因為"尋求和徹底維護真理"，是呼籲人們內心之道德面的戰鬥。

池田　呼籲人們內心之道德面——對話的重點，可説是在於促進靈魂與靈魂交流的精神作用。如果對話只是形式上的，一味地強制對方，是絕不可能獲得對方由衷的接受。而所留下來的，是博士之前提到的"憎恨的種子"。這種對話，不可能把人們連結在一起。

　　強調對話必要性的同時，我們也必須重新評估對話的方式和方法。有了這兩項的結合，才能在社會上發現對話的真正功用，而能成為推動時代的一股強大力量，不是嗎？

第 二 章

寬容與多樣性——地球文藝復興的精神

❖ 切斷"憎惡的連鎖"

池田 我們談到了能讓時代從"對立"轉為"共生"之機軸的對話精神，但遺憾的是，時至今日，世界各地仍發生着頻繁的紛爭和恐怖行動。

德拉尼安 是的，之前（1998年8月）才發生過造成國際社會重大衝擊的事件。美國因駐肯尼亞和坦桑尼亞的大使館遭到爆炸的恐怖襲擊，遂以報復及抑止今後的恐怖行動為目的，襲擊阿富汗境內"恐怖組織的訓練設施"及蘇丹的"化學兵工廠"。

池田 這種事件牽連到許多民眾。

同一時間，在天主教與新教徒兩陣營有和平共識的北愛爾蘭，也發生雙方居民，死傷逾兩百人的炸彈恐怖事件，死傷者包括小孩子。使用這種卑鄙、恐怖行為，不管有甚麼理由、有何等大義，絕不能容許。

德拉尼安 深有同感。襲擊美國大使館的恐怖分子，被認為是回教的激進團體，但因此而喪命的人，大部分卻是與美國抗爭毫無直接關係的肯尼亞及坦桑尼亞民眾。

另一方面，亦看到美國的急躁反應，讓人感到世界上象徵富有的一方（美國）與貧窮一方（蘇丹與阿富汗）的戰爭，已經開始了，讓人覺得所謂"富有的一方"之"北"與"貧窮的一方"之"南"的紛爭，又以另一種不同的形態出現了，真是非常遺憾。

這並非行使軍事力量，就能解決的問題。

池田 的確，對於恐怖行動，要貫徹"堅定的態度"並防止再次發生，最為重要。我認為，在使用軍事力量作對抗手段時，必須慎重考慮清楚。藉由軍事力等"硬實力"（hard power）解決問題，短時間看似有效，但長遠來看，必將留下更大的禍根。

德拉尼安 我也有同感。今日國際社會面對的最大課題，是停止互相拋出口號，應該設法找出解決種種威脅世界和平，諸如貧困、無知、貪婪等的真正方法。

池田 戰爭和暴力所產生的悲劇，不只是當時的問題，仇恨招來仇恨，暴力必將帶來新的暴力——這是過去歷史給我們的重要教訓。如果我們不能截斷此種惡性循環、"仇恨的連鎖"，就不可能得到真正的和平，將永遠無法消除人們心中的恐怖和猜疑。

我們不要一開始就把彼此當作"對立的存在"，而是應該先找出彼此的障礙是甚麼？產生對立的原因是甚麼？由此不難找出和平的道路。

德拉尼安 此時最重要的，我認為是"坦誠對話"的精神；這正是池田會長率先努力至今的工作，也是二十一世紀人類應該邁進的方向。

❖ 不知道時，切勿表示意見

池田 賢人能看清過去與洞察未來。德拉尼安博士是賢人。我很高興能與博士一起討論建構一個有希望的新世紀之方法。

正如那些恐怖事件所象徵的，就西歐各國而言，似乎更感覺到回教是一種“威脅”。關於回教文化及回教徒的生活與實際情形，不僅歐美各國，連日本都很少報導，因此我覺得有先入為主的偏頗形象。

譬如，根據回教法成立的銀行，禁止支付利息，這在回教世界是極普通的事情，並不稀奇，但日本人幾乎都不知道。

德拉尼安　這是來自“不勞而獲是不對的”這種習俗。回教經典《古蘭經》明白禁止這件事（真主褫奪利息，增加賑物。真主不喜愛一切孤恩的罪人）。

池田　不在回教銀行存款的回教徒，也會放棄利息，據說有不少人要求將其利息，佈施給貧困的人。

德拉尼安　雖說有各式各樣的人，不過像您所說的人確實不少。即使如此，回教銀行中也有允許存款者作為出資者的，在回教法允許的範圍內，可以獲得利息。

池田　與此同時，“女性在回教社會受到歧視”的形象也相當普遍，但女性在社會上其實非常活躍，成為首相、政府高官以及知識分子的比率相當高，至少比日本高吧。

值得慶幸的是，創價大學也有帶着面紗（hijab，回教女性覆蓋面部的傳統圍巾）的女留學生，大家寄望她們能在祖國大顯身手。

“不知道就不要輕易批評”──這是創價學會牧口初代會長的智慧。總之，遠離被製造出來的形象，為了更能貼近回教社會的實際面貌，我們應該先確認其基本的事實。

德拉尼安　我非常贊同。

　　弄清楚真相，加深認識，在資訊進步的現代是非常重要的，因為在高度資訊化的社會，往往只能被動地接受現成的資訊。

❖ 象徵回教文化的時間價值觀

池田　我在 1962 年 1 月底的大約兩週，訪問了博士的故鄉伊朗，以及伊拉克、土耳其、埃及、巴基斯坦等回教國家。當時日本正以猛烈的氣勢，爬上"高度經濟成長"的坡路，新的技術和產品充斥街頭，沒有人懷疑"物質的進步"為至高無上的價值。

　　來自如此國度的我，訪問了重視宗教傳統的回教諸國，產生新鮮的驚奇與一些親近的感覺，例如時間的概念。據說，回教將日常的時間分成幾個階段。

德拉尼安　分成禱告時間的"沙拉德"(salat)，勞動時間的"薛格爾"(shoghl)，嗜好與休閑時間的"拉哈"(raha) 等。

池田　為了賺錢辛苦工作的"薛格爾"時間，好像得不到很高的評價。在日本等國家，休閑或許可說是為了明日工作，本是身心充電的餘暇時間，或許不是"拉哈"，而是被定位在"薛格爾"的一部分吧。（笑）

德拉尼安　就工作狂而言，一切都是"薛格爾"，連玩耍也是為了工作。不是人生有甚麼目的而工作，而是為了工作而工作。

池田 另一方面，"拉哈" 應該是與友人作有意義的對話，或是旅行、作詩，思索人生意義的時間。事實上，訪問回教各國時，讓我體會到 "拉哈時間" 舒暢流逝的感覺；禱告時間的 "沙拉德" 也是如此。

與不同文化的原貌直接相互接觸，感到驚奇和感動是非常重要的。

現今社會人與 "別人" 接觸時，會先視其為 "異己分子"、"奇異的存在"，甚至視為 "壞人" 而有戒備的傾向。這是現代很嚴重的毛病。

❖ 擺脫自我中心的世界觀

德拉尼安 這樣的態度，艾德華・W・薩依德⑱ 將其命名為 "東方主義"（Orientalism）加以批判。

他說："人經常都會把世界依實際存在或想像上的特質，分割成能夠互相區別的幾個地區。""（東與西的）關係，可透過各種用語表現出來。巴爾福⑲ 和克羅默⑳ 曾照例使用了幾個這些用語。譬如說東方人是不合理的、卑鄙（墮落）的、幼稚和'異常'的。因此歐洲人是合理的、有道德的、成熟而'正常'的。"

池田 雖然對薩依德有各種不同的評價，但他所著的《東方主義》，確實是劃時代的著作。即使是反對薩依德立場的人，談到亞洲、殖民地主義，也不得不重視《東方主義》。

他與重病搏鬥，一貫努力於站在"少數者"立場上的意識發言和行動，得到了人們很高的評價。

當人歧視別人時，歧視的原因都不是在被歧視的這一邊，而是在歧視者身上。不是因為對方低劣，而是看的人只能作這樣的看法所致。

德拉尼安　您說得很對。

池田　"東方主義"不只是歐洲和美國的問題，身為亞洲的一員，以"脫亞入歐"為口號，認為亞洲比歐美低劣，以"亞洲盟主"自居的日本，看待亞洲的眼神是錯綜複雜的。

德拉尼安　本來，世界不是那麼簡單就能分為"西方"（西洋）、"東方"（東洋）的。譬如猶太教、基督教、回教等在世界上擁有很大影響力的宗教，都以西亞細亞為發祥地。

池田　可不是嘛。成為歐美社會精神之基礎的諸宗教，都誕生於西亞細亞，所以歐美不應該將亞洲排斥為不同族群。文化是如此融合在一起的。日本的漢字、儒教、佛教都學自亞洲國家。

德拉尼安　所以我們能了解，實際上並沒有"純粹的民族"和"純粹的國家"的存在，這個概念是充滿偏見的危險幻想。

池田　被這樣危險的幻想玩弄，一再重演悲劇的就是二十世紀。

我之所以與博士等各界人士，超越文化、民族、宗教的不同，持續對話，無非是希望透過與"別人"接觸，互相啟發，在地球上擴大更多元的和平交流。

❖ 《古蘭經》與穆罕默德的成長

池田 有關誕生於西亞細亞的猶太教、基督教和回教這三個宗教的關係，回教本身作怎樣的想法，在《古蘭經》有明確的記載。

第一，猶太教、基督教和回教，是同一個宗教在不同歷史上的呈現。

【編按：《古蘭經》記述："告訴他們（猶太教徒和基督徒）吧……。難道你們要和我們爭論真主嗎？其實，祂是我們的主，也是你們的主……我們只是忠於祂的。""我們信受我們獲得的啟示，與亞伯拉罕、以實瑪利、耶和華和各支派所受的啟示，與摩西、耶穌受賜的經典，與眾先知獲主所賜的經典，我們對他們中任何一個，都不加以歧視，我們只歸順真主。""獲授天經的人（猶太教徒、基督徒），得到知識降臨之後，卻由於互相嫉妒，發生了分裂。"】

德拉尼安 是的。猶太教、基督教和回教，在各自的傳統中，都是崇拜一神教始祖的亞伯拉罕，因此經常被統稱為"亞伯拉罕的宗教"。

拜火教也是一神教，所以伊斯蘭征服波斯以後，拜火教的教義也受到伊斯蘭承認為"聖典的宗教"。

池田 回教的創始者穆罕默德 ㉑，與摩西和耶穌一樣都是預言家，而且穆罕默德是"預言者的封印"，亦即最後的預言家。這是回教徒的理解。

德拉尼安 是的。

池田 現在，我想請教幾個有關穆罕默德生涯的問題。

七世紀時的阿拉伯半島

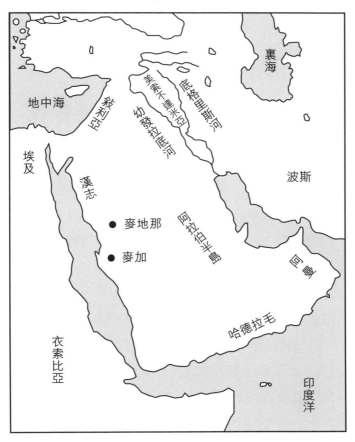

一般都説，穆罕默德於公元 570 年左右，出生於阿拉伯半島的麥加。又説，他是屬於麥加有力部族之一的古來氏族（Qureish）。他的父親在穆罕默德還在母親胎內時就去世了，母親也在他六歲時與世長辭，他是由叔父撫養長大的。他叔父非常貧窮。

德拉尼安　是的。穆罕默德幼年歷盡滄桑，經過許多考驗，這當然是因為雙親去世所受的影響。穆罕默德二十五歲時，很幸運與比他年長的富裕寡婦哈迪加（Khadija）結婚。從此以後，他在經濟上日漸寬裕。

❖ 對"別人的痛苦"和"永遠存在"的感性

池田　但在穆罕默德的心中，一直有"疙瘩"或有如"芒刺"般的東西存在……，這可能來自他的人性流露。他對於社會的矛盾，絕對無法假裝沒看到。

《古蘭經》中，有許多文章敦促人們要愛護孤兒、窮人和孤獨者。

德拉尼安　《古蘭經》第九三章説：

"（主）難道他沒有發現你孤苦伶仃，而使你有所歸宿？

（主）他曾發現你徘徊歧途，而把你引入正路，

（主）發現家境寒苦，而使你衣食豐足。"

這一段告訴我們穆罕默德的成長過程，令人印象深刻。

池田　下一段《古蘭經》，也談到穆罕默德敏鋭的感性："你

們應當知道：今世生活只是剎那間的遊戲、娛樂和虛榮，只是互相誇耀血統、財產和子孫的數目來爭勝。"

其實，佛教始祖釋尊在青年時代，也同樣有"現實的心靈疙瘩"。釋尊雖出生為王子，但出世後一星期就失去了母親。在經濟富足的生活中，似乎對貧富懸殊等社會矛盾，以及宮廷奢侈的生活一直懷有疑問。

當我凝視這些偉大宗教始創者的一生，覺得他們在兩方面的感性上，都極為敏銳，一是"對他人之痛苦的感性"，另一是"對永遠存在的感性"。

德拉尼安 這是佛教所謂的"慈悲"和"智慧"。

池田 是的。與年輕的釋尊捨去王子的地位，隻身走上修行之旅一樣，穆罕默德也是常常一個人沉醉於思索。據說他與當時那些人們一樣，大多在洞窟裏生活。

之後，所謂"威力之夜"到訪。據傳西元610年，在洞窟裏突然聽到天神吉布利里 (Jibrail 舊約聖經的加百列 Gabriel) 跟他説"閱讀啟示"的聲音。

德拉尼安 是的。這個啟示在二十多年間，斷斷續續地持續到穆罕默德仙逝為止；而《古蘭經》就是這些內容的匯集。

提到"神的啟示"，或許有人會以"不科學"而付之一笑，但站在伊斯蘭的"啟示宗教"之特質的觀點上，這並不是不可思議或奇妙的事情。

我認為，斷定其為"不科學"本身，就是一種不科學的態度。我們必須思考的不是表面的用語或表達的層面，而是其深處具有甚麼樣的內涵。啟示的用語近乎詩的語言，是一種象徵性的東西，所以我們不能拘泥在字義上。

池田　如果使用現今學者的表達方法，"啟示"（revelation）可以說是"理念系"（ideal type）。換句話說，或許可說是"表達的體系"（system of expression）。

例如就藝術而言，巴布羅‧畢卡索 ㉒ 就是以他獨特的描繪方式，表現藝術靈感。若有人說"生物學上沒有長這種臉的人"，反而會被嘲笑不懂藝術。（笑）

德拉尼安　的確如此。

❖ 行動正是宗教的要諦

池田　此外，人是神所創造此《舊約聖經》的想法，與進化論是矛盾的。但曾有人因確信它而認為人的生命比甚麼都寶貴，進而挺身從事和平運動，良心上採取拒絕當兵的態度也是事實。

相反地，也有假冒進化論大吹大擂，而走向人種歧視主義、民族中心主義和民族淨化的人；這些人的不理性是不言而喻的。

德拉尼安　重要的是，偉大的宗教家以實際行動，證明自己是負有啟示之使命的人，以其教義引導人們過更幸福的人生。至於教義的由來為何種形式，我認為並不是很重要的。

池田　博士的想法我能理解。只是以荒唐無稽或迷信而予以否定，是有問題的，或許這種態度才是一種教條思想。我認為能敏銳看出這個"啟示"究竟想告訴我們甚麼？透過此"啟示"所引導出來的行動將使社會變得如何？這樣的態度才是必要的。

德拉尼安　池田會長公平的心，我非常感動。同時也非常佩服會長對於哲學深厚的洞察力。

❖ "值得信賴的人"，帶來活躍的舞台

池田　我們再來談談穆罕默德。得到啟示的穆罕默德非常驚愕和苦惱，因此其妻哈迪加鼓勵他，並勸他成為神的使徒；之後哈迪加成為教團的第一位成員。

德拉尼安　穆罕默德想要推廣的教義，起初並不為麥加的人們所接受。

池田　麥加是連結中國、印度和地中海沿岸之交易管道的一大據點，當時已經是很繁榮的都市。正因為如此，貧富的差距也很大。

　　當時的生活倫理，根據著名東洋學家井筒俊彥博士的說法，人們都認為"一切決定於過去"。所謂"過去"，是指"祖先於數百年前一路走來的人生道路"，在阿拉伯語中據說是"習慣"（sunna）的意思。

德拉尼安　當時普遍認為，血統的共同體習慣是一切的基礎和中心。穆罕默德的革新思想，可說是打破了麥加這種

貴族主義的傾向。

　　穆罕默德主張，人的高貴不是因為血統，而是決定於信仰的虔誠與否，所有的人在唯一真神阿拉之下一律平等。

池田　當然，富裕而保守的人，會認為穆罕默德是個侵犯他們社會基礎的危險人物，貧窮者和一般民眾，卻贊同穆罕默德的思想。據說許多年輕人尤其支持他。

　　起初，一直不予理會和嘲笑他的既存勢力，逐漸無法漠視穆罕默德的勢力，便開始迫害他及其追隨者。

德拉尼安　因為他們發現了穆罕默德思想的革新性。

　　於是，許多信徒及其家族紛紛逃到衣索比亞。不幸的是，最理解穆罕默德的妻子哈迪加去世，且從小撫養他長大的叔叔愛布托利布（Abu Talib）也過世了。

池田　穆罕默德在作為宗教家的人生與自己的人生，都遭遇到最大的困難。

德拉尼安　是的。從此以後，穆罕默德竟大膽地離開麥加，遷移到北方約三百多公里的都市麥地那（Medina），即所謂的"聖遷"。伊斯蘭曆 ㉓ 從此算起，表示伊斯蘭時代的開始。

池田　穆罕默德在麥地那獲得奇蹟性的成功，直至去世前的十年，一直都在這裏生活。為何在幾乎沒有熟人的麥地那，穆罕默德能獲得耀眼的光榮勝利呢？

德拉尼安　穆罕默德前往麥地那之前，阿拉伯半島各部族間戰爭不斷，猶太與阿拉伯的有力部族在麥地那對立多年，一再發生抗爭。此時，他們請穆罕默德作為他們長年對立的調停人。

池田　麥地那的人，為甚麼要請穆罕默德當調停人呢？

德拉尼安　因為他們都聽說穆罕默德是一位非常正直的人，因此請他擔任部族間的調停者。

池田　的確，穆罕默德在不得志的商人時代，被麥加人稱為歐敏（Al-Amin），亦即"信實之人"，是受大家另眼相看的存在。他的人格拯救了自身的困境，進而得到麥地那這個能大顯身手的舞台和新天地。

品德與人格是最大的財產，在困難的時候就是最大的支柱。

❖ 伊斯蘭文明的真髓——"多樣性"

池田　接着想請問博士，伊斯蘭文明的特徵是甚麼？

今日在美國，回教徒從事富有個性的文化創造，在歐洲以音樂為首，伊斯蘭文化在多方面一直有充滿活力的影響。我自己對伊斯蘭文化也感到極大的興趣。

德拉尼安　如果要以一句話來說明伊斯蘭文明的真髓，我想就是"多樣性"吧。

伊斯蘭文明建立在四根支柱，即宗教、法學、科學和文化。其中，宗教這個柱子，在《古蘭經》"對於宗教，絕無強迫"這段韻文上，強有力地表現出特質。

這段文字，不對人們強制特定的宗教，啟發了具有創造一體性的信仰，因而誕生了能夠容納多樣性的伊斯蘭法體系。

池田　據說意味着伊斯蘭律法的單字"夏理亞"(Sharia)，原本是"到水場之路"的意思，更是"到得救之路"的意思。而這裏所謂的法，與其視為國家的法律體系，不如理解成"身為人應該遵守的道路"此廣義的法。

德拉尼安　是的。宗教和法學之後的科學，是伊斯蘭文明的第三根柱子。它的基礎建立在穆罕默德所說的"回教徒不分男女，每人為求取知識，'甚至中國'也必須前往。"

池田　伊斯蘭與中國的交流，在歐洲大航海時代之前就已經開始了。

德拉尼安　是的。在當時阿拉伯人想像的地理上，中國可能是最遙遠的地方。伊斯蘭的學者和科學家，發現了波斯、埃及、印度和中國的科學成果，毫不猶豫地將之作為神的美好神秘而予以運用。

池田　稍稍偏離主題，談到中國的伊斯蘭，令我想起著名的"阿拉丁神燈"裏的主角阿拉丁。當然這是個虛構的故事，阿拉丁住在中國的城市，在那裏發現了神燈，並以其威力成為中國的統治者。童話故事雖然省略了很多內容，但由這個故事得知回教在中國的發展。

　　此外，伊斯蘭很重視希臘、羅馬的哲學等學問，是眾所周知的事。

德拉尼安　是的。伊斯蘭世界從九世紀到十三世紀，成為領導全世界的科學技術中心。它並不是破壞其他文明，而是吸收不同文化，使伊斯蘭更豐富，進而也豐富了世界。

池田　吸收其他文化就是豐富自己的文化。這是人類應該從伊斯蘭繁榮的歷史中，學習的教訓。

❖ 伊斯蘭的科學與文化是文藝復興的恩人

德拉尼安　使我們切身生活更為豐富的文化，在伊斯蘭也相當發達。

池田　可不是嘛。"酒精"（alcohol）、"鹼"（alkali）、"氨"（ammonia）等科學用語，據說皆起源於阿拉伯語或波斯語（譯注：酒精和鹼是荷蘭語）。另外像是"睡衣"（pajamas）、"棉花"（cotton）、"沙發"（sofa）、"雜誌"（magazine）、"檸檬"（lemon）、"橘子"（orange）、"糖漿"（syrup）、"鬱金香"（tulip）等生活必需品、食品、草花等用語也是。

德拉尼安　是的。"樂園"（paradise）、"撒旦"（satan）等形而上的概念也都是。

　　其他方面，從八世紀到九世紀，亞里斯多德 ㉔ 等古代希臘文的文獻，可說幾乎都被翻譯成阿拉伯文。

池田　這讓我感受到，翻譯被作為整個伊斯蘭國家的宗教事業。

　　希臘文明等古代地中海世界的科學、思想與知識，並不是原封不動地直達歐洲的。在日耳曼民族的大異動與及後來的中世紀封建時代的這段期間，希臘和羅馬的文明是藉伊斯蘭保存和發展起來的。

德拉尼安　從十一世紀開始，透過與"東方"交流的活躍令發達的伊斯蘭文明成果，也帶往了歐洲。

池田　此時傳來的伊斯蘭科學和文化，終於在即將到來的文藝復興，扮演了很重要的角色。所謂文藝復興，正是要復興被遺忘的希臘、羅馬文化；而復興意味着在此之前是衰退的狀態。當希臘、羅馬的文化在歐洲衰退時，保持和發展許多文化的伊斯蘭，可說是"文藝復興的恩人"。

❖ "寬容"促進了學者、科學家的交流

德拉尼安　與亞里斯多德著作等的同時，伊本・路西德㉕、伊本・西那㉖等伊斯蘭哲學家的著作和思想，也被引進歐洲，對於中世紀基督教神學的完成有極大的影響。

池田　阿維洛斯（伊本・路西德）、阿維契那（伊本・西那）這些學者，愈是被譯為拉丁文讀法，在歐洲愈受歡迎，影響更大。尤其是伊本・路西德在歐洲基督教內部，誕生了被稱為拉丁・阿維洛斯特（Latin Averroists）的繼承人。

德拉尼安　中世紀的歐洲，一直持續着封閉的封建公國割據的時代。相較之下，同時期的伊斯蘭諸國是很開放的，交易及往來的人在廣大區域進行，讓學者們有接觸到原典的機會。特別是伊斯蘭諸國中的猶太教或基督教學者的努

力，是不能忽視的。

池田　在亞巴斯（Abbasid）皇朝的首都巴格達（Baghdad），成立了稱為耶西華（Yeshiva）的猶太教法律學院，在這裏從事研究和編纂《塔爾穆德》（*Talmad* 猶太教的律法注釋書）的拉比（Rabbi 猶太教的律法學家）們，曾經與烏拉瑪（Ulema 伊斯蘭法學家）進行交流，互相影響。

德拉尼安　因為清楚伊斯蘭的態度是寬容的，所以無論哪個地方出身的學者、科學家，都能與之對話和交流。回教徒與基督徒曾共存的西班牙，即是典型的例子。

池田　八世紀西班牙進入伊斯蘭圈之後，科多巴和格拉那達成為歐洲人接觸先進的伊斯蘭文化的場所。歐洲各國的學生在這些都市的大學，學習科學和藝術，尤其是擁有漂亮的阿蘭布拉宮殿（Alhambra palace）的格拉那達，更有"猶太人街"的別名，許多猶太人住在那裏。

❖ 同質化是死，多樣化才是文化的生命力

德拉尼安　但 1492 年回教徒被趕出西班牙，猶太教徒也被趕出去後，對於基督教異端的黑暗宗教審判便一直持續下去。基於此歷史的教訓，其意義是很明白的，也就是多樣化是文化生命力的淵源，單一化使文化停滯。

池田　關於多樣性的否定，狄奧多・阿多諾 ㉗ 也說："奧希維茲集中營證明了純粹的單一性是死，這樣的哲學命題

為正確。"

生命是多樣性的別名，單一化是死。我認為，尊重多樣文化，一起摸索共存之道，是進行着文化單一化的今天，最刻不容緩的事情。

人與人對話，是一切的開端。只要人與人開誠佈公，互相認識，深化友情，必能由此產生對於彼此的不同和多樣性的理解。

德拉尼安　我有同感，衷心希望我們的對談能促進這樣的努力。

第 三 章

從對立到共生 —— 豐饒時代的到來

❖ 應與伊斯蘭世界的領導者對話

德拉尼安 過去我曾在伊朗的伊馬姆·薩迪克（Imam Sadeg）大學，為一些博士生授課，這些學生都是肩負伊朗未來的青年。

我非常期盼池田 SGI 會長能訪問伊朗，讓青年們有機會聆聽會長演講，這將使伊朗的年輕人擴潤思考，對將來有幫助。

池田 謝謝您的盛情隆意，我會鄭重考慮這件事。

德拉尼安 會長如果訪問伊斯蘭世界，對於伊斯蘭世界與非伊斯蘭世界的和睦，必具有極大的意義。會長有偉大功績，受世界所尊敬，如果能與伊斯蘭世界的領導者對話，必將深具意義。

近來伊朗漸漸民主化。總統哈塔米（Mohammad Khatami）訪問美國，並在聯合國大會發表演說（1998 年 9 月），這是劃時代的動態。

池田 這令人感受到二十一世紀的大潮流，我也很留意。

❖ 內心力量使一切成為可能

德拉尼安 我認為，日蓮佛法與伊斯蘭有幾個共同點，譬如雙方都非常重視歷史。印度教和基督教中，有不大重視歷史的宗派。

也有視死後的天堂比現世更重要的宗教。但伊斯蘭和日蓮佛法所重視的，是現實的世界。關於這一點，佛教部分我想多多請教池田會長，自然可理解伊斯蘭教和佛教的相似點和不同點。當然，即使有差異，我們也不會持否定的看法。

池田 是的。"不同"相通於"多樣"。以共同性為基礎，互相合作，但也必須注意差異，尊重各自扮演的角色，互相學習長處，摸索對現代世界的危機能有怎樣的貢獻。

《法華經》有"三草二木"㉘的譬喻，藉由雨水與植物的譬喻，說明佛陀教示的真理能孕育一切生命。雨水滋養多樣的草木，同樣佛陀的教誨也保證了多彩的人生與多樣的文化；多樣性正是生命的證明。

德拉尼安 一點也沒錯。單一性是死的象徵。首先，我想請教有關佛教的創始者悉達多・佛陀的生涯，以及其思想在歷史上的意義。

池田 悉達多・佛陀是指釋迦族的尊者的意思，在日本習慣上稱他為"釋尊"。基於這個傳統，我也都使用"釋尊"這個尊稱。

詩聖泰戈爾㉙曾就釋尊這樣說："印度的釋尊，視人為偉大的存在。他不承認種姓制度㉚，從這個犧牲的禮教中解放了人，將神從人的目標中除去。釋尊明示，存在於人自身中所擁有的力量，不向天求取恩惠或幸福，而是從人的內裏引發出來的。釋尊以這樣尊敬的意念和慈愛的心腸，大大讚美了存在於人內裏的智慧、力量和熱情，宣稱人不是可憐的、不是為命運所左右的不值錢的存在。"

德拉尼安 偉大詩人的直覺，清楚地告訴了我們宗教的本質。佛陀從咒術的宗教解放了人類，從"忽三忽四的命運"手裏，爭回了人的幸福。

池田 是的。人絕不是於波濤洶湧的命運大海漂流，無力而悲慘的存在。人的內在力量，能使一切事情化為可能。釋尊這個的獅子吼，可以說是人類偉大的"精神獨立宣言"。

❖ 從"認識痛苦"到"探求痛苦的原因"

德拉尼安 會長在前面說過，身為釋迦族王子的佛陀，年輕時捨棄了一切出家。

伊斯蘭神秘主義也有捨棄王位和財產，尋求靈魂啟示的阿伯拉罕・亞當（Ibrahim Adham）的傳說。這個故事與佛陀的一生同出一轍。請告訴我他出家的理由，佛陀為甚麼要在青春和富裕之中放棄一切呢？

池田 釋尊出家的動機，我覺得下面這段經典（《增一阿含經》）說得相當正確。

"我如此富裕，極為親切而柔軟，卻產生了這樣的感懷——愚蠢的凡夫，自己會衰老，也免不了衰老，可是目睹別人的衰老時，卻陷於沉思、煩惱、丟臉和厭惡——把自己當作是例外。"

"愚蠢的凡夫，自己會生病，也免不了生病，可是目睹別人生病時，卻陷於沉思、煩惱、丟臉和厭惡——把自己當作是例外。"

　　"愚蠢的凡夫，自己會死亡，也免不了死亡，可是目睹別人死亡時，卻陷於沉思、煩惱、丟臉和厭惡——把自己當作是例外。"據說釋尊這樣思索之後，"年輕的驕傲"、"健康的驕傲"與"活着的驕傲"自然在心中消失了。

德拉尼安　佛陀出家的動機，應該是他正視了存在於一切人之中的根本之"痛苦"。的確，不是只有被悲劇命運折磨的人才承受着痛苦，"痛苦"其實源自存在本身。

池田　正是如此。我們應該留意他將"痛苦"表達為"驕傲"。

　　誠如博士所說，不是在悲劇的漩渦中才有"痛苦"的存在，而是以歧視的目光來看待老人、病人等驕傲之心，產生了各種各樣的痛苦。重要的是，釋尊不是為了自己能免除這樣的痛苦才出家的，他是將對"認識痛苦"延續到"探求痛苦的原因"。

　　也就是說，釋尊的出家是為了將人從痛苦中"救濟"出來，也可以說，他不是"逃離"，而是為了想找出造成痛苦的"因"，進而消除它。因此，佛經裏稱釋尊為"勝者"。他絕不是遁世者，佛陀是奮戰的人、連續勝利的人。

德拉尼安　對佛陀而言，出家具有何種意義呢？

池田　釋尊臨終時曾說："我二十九歲求善而出家。"(《長阿含經》)我們應該留意"求"這個字，並沒有厭世的氣氛。

對於"年輕人"與"老人"、"健康的人"與"病人"、"生者"與"死者"予以區別的"驕傲"——釋尊點出,潛藏在這種意識深處"拘泥於區別自他"的"深層的利己主義",才是產生"痛苦"的元兇,為了對抗這個苦並贏得勝利,他才"上陣"的。

❖ 為了人們的幸福,佛陀不斷行走、説法

德拉尼安 我對於世界上的各種宗教感到興趣,也多少作過一些研究。從前我曾說過,我深感佛教與伊斯蘭神秘主義有不少類似的地方。

會長對於大乘佛教所作的解釋,與伊斯蘭神秘主義的世界觀,有密切關聯的地方。佛教和回教所倡說的,主要是現世之生的"脆弱"和"無常",同時也強調人的責任和心靈的生活,雙方的世界觀都避免了宗教的獨善,尋求與一切信仰、思想及哲學對話。

池田 我能理解。我與哈佛大學亞曼教授對談時,他曾經說:"我覺得伊斯蘭神秘主義,事實上是與佛教接觸而受到'冥想'等思想的影響。"

德拉尼安 原來如此,而且雙方都不否定現世。

佛教與回教都勸人為觀想撥出時間,但並沒有要人放棄世間的俗事,反而要人人"貢獻社會",誠如會長所說的"追求善",以此作為人的義務。至於不同的地方,是伊斯

蘭神秘主義沒有職業性的聖職者，人人皆直接面對一切存在的根本。

池田 日蓮佛法有"立正安國"的理念，就是佛教信仰者要經常與社會互動，必須率先成為主導社會的人格。此外，釋尊也呼籲弟子們"要為人們的幸福和利益走入人群之中。"

佛絕不是坐着冥想，而是在人群中不斷倡説走向幸福大道的存在。

❖ 島國根性的良藥──"櫻梅桃李"

德拉尼安 剛才會長所説的話，令我想起十三世紀偉大的波斯詩人薩迪所寫的詩：

> 禱告，不外乎是服侍人類。
> 禱告用的地毯和念珠，
> 化緣的缽，都是不必要的。

我完全同意會長所説，佛教是從一切束縛解放出來的"希望宗教"，與伊斯蘭神秘主義 (Sufism) 是相通的。就這一點，佛教和伊斯蘭神秘主義完全符合現代世界需要的各種條件。現今世界若是獨善，實無法應付人類的多樣性與出現的困難課題。

池田 我理解您的意思。獨善是被最小的自我所束縛的狀況。透過服務人類、奉獻人們，自我就可以從束縛中獲得解放。

德拉尼安　創價學會的運動，最令我尊敬的部分是"地球主義者"，我認為這是島國的日本人最需要的東西。在此種意義上，創價學會是治療日本島國精神的"良藥"。也因為是藥，所以"良藥苦口"，才會受到壓迫。

池田　對您溫暖的理解，非常感謝。

博士主張承認多樣性，但日本是島國根性，因此很難理解這一點。但，日蓮十分尊重多樣性，"櫻樹是櫻樹"、"梅樹是梅樹"、"桃樹是桃樹"、"李樹是李樹"，它們各自大展特性而開花，形成漂亮又和諧的花園。日蓮提醒世人，這些都是生命本來的面貌。

德拉尼安　非常易懂的譬喻，了不起的"和諧哲學"。

❖ 政治與宗教的"創造性緊張關係"

池田　對有關釋尊出家的動機等，我們就談到這裏。現在，我想就我信奉的日蓮佛法，再作一些說明。

德拉尼安　我非常希望聆聽。如果知道創價學會以近乎難以相信的熱情，為和平與人權貢獻的思想基礎，相信我一定可以獲得許多啟示。

池田　日蓮 (1222-1282) 出生的時代，是日本歷史的轉捩點，是從天皇、貴族們長久執政走向武士社會，動盪的內亂與庶民悲歡的轉移時期，同時也發生了一連串大地震、饑饉和傳染病等災害。另一方面，在東亞地區，蒙古帝國 ㉛ 正擴大版圖，荒廢的日本社會因而充斥緊張感和末世觀。

德拉尼安　偉大的思想，大都出現於政治、道德危機的時代。

池田　日蓮三十九歲時（1260 年），向當時的最高權力者遞上警世之信〈立正安國論〉。宗教不是死後的安心立命，應貢獻於現實世界的和平建設──這是日蓮大聖人的信念。

德拉尼安　會長在前面所介紹的大乘佛教特徵，就是承繼日蓮的思想吧。也就是說，在遵守社會與宗教、政治與宗教之政教分離的原則下，互相監視和啟發中，走向理想的關係。

政治與宗教，要透過理想與現實的"創造性緊張關係"，才有"抑制與均衡"的可能。政治能以宗教的理想來矯正，宗教則可避免被捲入政治不能避免的動盪、混亂和腐敗。

池田　"創造性的緊張關係"，真是一針見血的說法。

吾師戶田城聖先生也大聲疾呼："青年要用心監視政治"。戶田先生徹底重視和尊重善人，嚴格對待惡人。如果有年輕人撒謊，他必定嚴厲對待；他是名副其實的"和平者"、"正義的人"。

從維護和平與保護弱者的宗教理念，監視政治並提出正確的方向，是理所當然的權利和義務，這不僅是作為一個宗教人，也是身為國民應盡的義務。

德拉尼安 我認為日本創價學會的運動，達到了宗教與政治的創造性均衡。創價學會透過宗教團體與所支持的政黨（公明黨）的分離，公共政策有失誤時批判支持的政黨，以保有自己的權利。

池田 正是如此。創價學會的會員，都以非常嚴厲的眼光看待政治家，因為這是戶田二代會長的遺訓。

德拉尼安 只要維持有這個權利，創價學會就能以支持某政策或政黨，使社會走向創價學會之宗教理念的和平與公正。總之，重視在現實社會中活動的佛教，尤其是如同創價學會重視社會實踐的佛教運動，與伊斯蘭有共同之處。

❖ 與現實世界對話，在民眾中將法展現出來

池田 回到之前的話題，"警世之人"是不可能為大權在握者所接受的。於是，日蓮不得不一直忍受包括兩次流罪的國家權力所施加的彈壓。但鎮壓，正證明了他就是"法華經的行者"。

　　日蓮在嚴寒的流刑之地佐渡，書寫了〈開目抄〉一信，信中以"保護人們的人是誰？""精神領導者是誰？""如父母思子般愛人們的是誰？"此三個觀點，進行歷史的檢證。他主張，教主釋尊正是符合上述三點的傑出人物，並表示在對抗彈壓中，弘揚一切眾生皆平等具有佛性的日蓮，正是承繼了這個精神。

德拉尼安　原來如此。不陷於恣意的主張，有客觀理性的努力，更有對於民眾溫暖的目光。

池田　日蓮在伸張自己主張時，非常重視經典怎麼記載（文證），也非常重視不與理性有所矛盾（理證），以及在事實上的證實（現證）。

可以說經常在"與佛對話"、"與理性對話"、"與現實對話"中，檢證自己的主張不陷於獨斷。在此過程中，日蓮深化了"一切眾生平等"的《法華經》精神，並希望在民眾中加以實現。

德拉尼安　目的觀之堅強性、意志的純粹性、追求正義與平等的熱情、沒有僧侶的介入，透過信仰直達宗教本源的主張……，這一切一切，都具有令人不可思議的現代感，這與民主的宗教是相通的。在伊斯蘭神秘主義，意志的純粹性可說是考驗我們行動的最大試金石。

這讓我想起穆罕默德的一生。權力者對於日蓮的彈壓，與穆罕默德受到支配麥加部族的迫害非常類似，而且穆罕默德也曾被當成狂信者般受到誹謗。

迫害與不理解，不足為奇。我深信對於迫使民眾服從、在精神與政治上使其喪失信心和力量的支配勢力而言，日蓮和穆罕默德的教義，今後也將是一種"威脅"。

池田　日蓮說："虎嘯則生風，龍吟則雲湧，但野兔的鳴叫、驢馬的嘶喊，不能呼風行雲。"（〈覆上野書〉。日御 1538 頁）

這是俯視一切、悠然的境界。

❖ 如何面對犬儒主義蔓延的現代病理

池田　現在，我想來談談佛教和回教對於現代社會的問題，能提供怎樣的觀點。

　　我認為現代社會的一大問題，是對永恒的東西、普遍性的存在欠缺健全的精神，徹底追求個人主義的結果，普遍主義則倒退了。個人主義如果沒有以對普遍的存在有健全眼光為基礎，將墮入對別人的冷漠與不關心。我很擔心蔓延於現代社會的犬儒主義（cynicism）。

　　"任何東西都沒有太大差別"、"往哪一邊去也沒有甚麼兩樣"這種冷漠的態度，將可能容許極為邪惡的事物甚囂塵上。

德拉尼安　如您所說，現代是"混亂的時代"、"犬儒的時代"，也有人說是"後現代的時代"（Postmodern Age）和"超現代的時代"（Hypermodern Age）。不管稱呼如何，在長久的歷史中，我們的時代特徵很是顯著。

　　第一個特徵是，現代是一個歷史加速的時代，從前需要歷經幾百年或幾十年的事情，今日在數年之內或數週之內就會發生，並且透過電視親眼目睹。

池田　速度是我們這個時代的象徵，資訊化使得一切不必依靠實際經驗，而以電視畫面上的資訊極快的流逝過去。所謂"媒體的鄰人"這個概念，即出現於電視的明星，似乎令人覺得比真正的鄰居更有親近感。

或許現代人已進入了甚麼都不需要經驗，就能活下去的時代。

德拉尼安 關於歷史加速的正面，例如歐洲各國帝政的崩潰，需要兩次的世界大戰，但 1980 年代蘇聯體制的自我崩潰，是透過和平的對話，十年內就發生了。同樣地，伊朗、菲律賓和東歐的獨裁者們，在幾年之內就被拖下台。獨裁政權的持續，因為全球化的交流發達，而變得更加困難了。

至於歷史的加速的負面將產生阿爾文・托福勒 ㉜ 一書所說的《未來的衝擊》㉝，同時也會使人們在消費生活上變得拜物主義（fetishism）的泛濫，個人必須拚命地找出維護自我認同（個性）的東西。

池田 在資訊社會中，人們為了選擇數不清的新資訊而戰戰兢兢，完全變成一個萎縮了的存在。

德拉尼安 "超現代主義"的蔓延，是一種現代病，造成社會的分裂。利己之心跋扈不羈，而且削弱了宗教的信仰心和市民的公共精神。這些事導致了偏激的懷疑論和犬儒主義的出現，使人懷疑一切人的行為動機，猜測另有企圖，進而降低人與人之間的互信與親和力。

❖ 《法華經》的教義是"多樣性讚歌"

池田 的確如此。有常識的聲音被人忽視，危險的國家主義正在擴散中。

德拉尼安 在超現代社會，對托克維爾㉞所巧妙命名的“大多數專制”(the tyranny of majority)的壓迫，完全沒有防備了。

世界各地，假借民主主義之名，獨裁政權日漸橫行。這種新政權佯裝新保守主義，為了不損自身利益且得到國民的支持，在經濟上標榜自由主義；有人將這種現象稱為“笑臉法西斯主義”(fascism with a smiling face)。

池田 這種新權力，帶給國民世俗慾望的滿足以及對他人苦惱的不關心，這與輕視以服務他人為宗旨的宗教信念，在態度上是相通的。

德拉尼安 在這種新的“黑暗時代”我們還有希望嗎？我相信是有的。因為像 SGI 這樣徹底包容“別人”的宗教運動與非宗教性的活動，是儼然存在的；我認為這正是一種希望。

由於世界動向的全球化，在進行對話時，有必要在溝通彼此的差異之前，首承認和肯定彼此的共通之處着手，作為“理論與實際”的“普遍主義”，這與由抽象的普遍原理開始的十八世紀歐洲啟蒙運動不同，這個新的普遍主義，是肯定和禮讚人的多樣性。

死是單一的，而生是多樣的。因此，對於新時代，我的口號與法國人一樣，就是：Vive la difference!(多樣性萬歲)。

池田 舊式的普遍主義，其實是劃一主義，我們在二十世紀已體驗得太多了。

反過來說，在大乘佛教精髓的《法華經》後半部，出現了各種各樣的菩薩。有智慧的人、捨身的人、擅唱歌的人、尊敬別人的人……，可以説《法華經》昭告世人，多樣性開花結果的豐饒時代將會到來，並呼籲我們要為此獻身。它呼喚着不論是人、民族和國家，都要互相肯定及發揮各自的個性，以達到"共生"。

德拉尼安　或許可以説《法華經》的教義正是"多樣性讚歌"。

在魯密的作品中，也有提到宗教信仰的多樣性與倫理性之不同，同樣是一首富有詩意的讚美之歌：

土耳其人與信奉印度教的印度人，

常説出同樣的語言。

同時也經常有兩個土耳其人處於互不相識的情況下。

心靈的語言可以變得特別。

共鳴的語言比舌頭發出的語言更為出色。

第 四 章

文明間的對話──各宗教的共存

❖ 回教教義與信仰對象

池田　1998 年 11 月聯合國大會，決定將 2001 年定為聯合國"文明對話年"，決心在二十一世紀出發的第一年，致力"文明間對話"，確實具有重大意義。對於致力透過"對話"，扮演不同文化與文明之橋樑的我而言，由衷歡迎聯合國的決定。

德拉尼安　聯合國的這項決定，我感慨萬千，因為這是伊朗向聯合國大會提案並獲得通過的。

　　戶田紀念國際和平研究所之"世界公民間的文明對話"這個宗旨，的確是回應時代的需求，令我深感此次與池田 SGI 會長對談的意義。

池田　我們曾經就回教的歷史、回教思想的特徵、佛教與回教的比較等進行對話。我們的談話引起相當多的回應，很多人來信表示"加深了對回教的認識"、"深感即使在資訊化社會，仍應從破除先入為主的觀念和捨去偏見做起"等，也有不少人希望"進一步了解回教的基本教義及日常實踐"。

　　因此，請博士就回教教義的基本事情，稍作解釋好嗎？

德拉尼安　我很樂意回答這些問題。

池田　首先，回教的信仰對象是甚麼？以基督教來說，有耶穌基督、三位一體 ㉟ 的基督，聖母瑪利亞 ㊱ 等有時也是信仰的對象。

德拉尼安　《古蘭經》這樣說：“信道的人們啊！你們當確信真主和使者，以及他所降示給使者的經典，和他以前所降示的經典。”

我想，回教的信仰可以這樣概括。

池田　意思是阿拉與使徒穆罕默德，以及他接受啟示的《古蘭經》、在此之前的聖經，亦即猶太教和基督教的聖經都是信仰的對象。

說到回教很珍視猶太教和基督教的聖經，或許有人感到驚訝也說不定。

❖ 與猶太教、基督教的關聯性

德拉尼安　我們在第二章說過，回教認為不管是回教、猶太教或基督教，都是以亞伯拉罕為始祖的“亞伯拉罕的宗教”。

回教、猶太教和基督教所信仰的神是一樣的。這個唯一的神，透過摩西㊲（阿拉伯語稱 Musa），送來的是猶太教的〈律法書〉。透過耶穌（阿拉伯語稱伊沙 Issa），所送的是基督教的〈福音書〉；透過大衛㊳帶來的是〈詩篇〉。

池田　〈律法書〉、〈福音書〉及〈詩篇〉，大多收錄在《舊約聖經》及《新約聖經》內。

德拉尼安　由穆罕默德帶來的《古蘭經》，一貫地給神的使徒以神的啟示。基於以上的理由，回教徒對基督教徒和猶太教徒，與自己一樣都稱為 "經典之民" （Ahl-al-Kitab 信奉經典的人）。神為了引導人，自亞當以至穆罕默德等，派遣了許多神的使徒。

池田 猶太教和基督教對於穆罕默德的批判，不在於他 "祈禱異教的邪神"，而是 "對神的信仰態度減弱"。

德拉尼安 是的。猶太教和基督教的經典與《古蘭經》是一樣的內容，它說只要真摯相信神和最後的審判，猶太教徒和基督教徒也可以上天堂。但回教的見解是，這些人民錯誤地解釋經典，而予以矯正的啟示就是《古蘭經》。

❖ 回教的誕生為 "七世紀的宗教改革"

池田 在日本，阿拉與耶和華 ㉟ 似乎被認為是不同的神。"阿拉" （Allah）是阿拉伯語 "神" 的意思。

德拉尼安 是的。它是 "神" 之意思的 "lah" （阿拉伯語），加上定冠詞 "al"。英語則是 "the God"。

池田 在日本，常有人講 "阿拉之神"，如此一來就變成 "神之神"，同樣地意思重複了兩次。

據說在阿拉伯語圈基督徒的聖經中，"在天之神" 被譯成 "阿拉"，等於是基督徒向阿拉祈禱的意思。由此意義來說，回教的誕生並不是新興宗教的蓬勃，或許可以說是一個呼籲：再度回到 "亞伯拉罕的宗教"，檢視自己的信仰態度；如此更早於馬丁‧路德 ㊵ 七世紀的宗教改革。

德拉尼安 我懂。穆罕默德曾批判當時的基督教："他們捨真主而把他們的拉比（律法學者）、僧侶和瑪利亞之子當作主宰。他們所奉的命令只是崇拜獨一的主宰，除他之外，絕無應受崇拜的。"

❖ 清真寺的管理、運作方法與宗教領導人的角色

池田 著名的哲學史家安理・柯爾班 ④ 曾說："（回教）不但沒有作為恩寵之仲介的唯一聖職者，就連教義上的師父、教皇的權威和裁定教義的宗教會議也都不存在。"

我想確認一下，回教沒有介於神與人之間的聖職者嗎？

德拉尼安 沒有。回教沒有位階制度，也沒有統轄世界各地之清真寺的所謂"本山"（總寺院），也沒有像天主教那種決定教義的"公會議"制度。

池田 那麼，各地的清真寺是如何管理和運作呢？

德拉尼安 天主教在世界各地的教會，均在羅馬教庭（Vatican 梵帝岡）的管轄下，但回教的清真寺，係由其鄉鎮等清真寺所在地的共同體，由地區維持和管理。

池田 這是重視地區和重視地方的做法。另外再請教一件事，回教有"烏拉瑪"（Ulama），即所謂的宗教領導人，常常在電視新聞上出現。他們不是聖職者嗎？

德拉尼安 烏拉瑪雖然也研究和解釋《古蘭經》，或從事教育信徒等聖職者所做的行為，但烏拉瑪不會介入神與人之

間。此外，烏拉瑪也沒有地位高低之分，只有依學識的深淺，而有發言份量及受尊敬程度的不同。

烏拉瑪是各種社會階層的代表，也是各個地域社會的代表。他們是該階層的人們以及讓地區人們的領導人，扮演着代表這些人發言的社會角色。

❖ 創始者的精神——回歸"人本主義"的原點

池田 原來如此。話說，穆罕默德親眼目睹當時猶太教和基督教聖職者的腐敗，而予以嚴厲的批判。

德拉尼安 是的。《古蘭經》說："有許多拉比和僧侶，的確藉詐術而侵吞別人的財產，並且阻止別人走真主的大道。"

池田 這種對腐敗聖職者的嚴厲批判，使我想起路德以"惟有信仰"為目標，主張不需要聖職者或教會制度的仲介，直接通往神，回歸聖經的宗教改革。基於此種意義，所以之前我說這是"七世紀的宗教改革"。

德拉尼安 真的是切中要點的看法，我完全認同。回教是透過神的眼光，再次活現了信仰者的平等性。

池田 "回歸原點"——只要回到穆罕默德的主張，就不會出現偏狹的原理主義。

無論耶穌、穆罕默德或釋尊，都是以解放人類為目標，祂們成為苦惱人們的支柱，扶助生病的人們，日蓮也是如此。如果能回到創始者的精神——"人本主義"的原點，應能消除對立和爭執才是。我們創價學會的活動，也是始於"回歸日蓮大聖人時代"而開始的運動。但想得到某種權威的聖職者們，卻阻礙了這個潮流。

吾師戶田城聖第二代會長常說："世界各種宗教、哲學的鼻祖或創始者，如果相聚一堂，意見一定會一致。"

德拉尼安　偏狹的原理主義，往往是由於迅速的現代化等原因，以及對信仰的確信面臨危機時產生的。

❖ 信仰產生於現實生活的實踐

池田　由於回教運用地區的特色，因此世界上有各式各樣不同的回教徒。

美國人類學家克利弗德・基爾茲 ㊷ 指出，摩洛哥回教徒與印尼回教徒有很大的不同。如此多樣性的回教徒之所以稱為回教徒，其共通點是甚麼？

德拉尼安　所有回教徒皆認同五項基本教義，即所謂的"五柱"（五功）：

- 信仰告白（唸功）——唱誦"萬物非主，惟有真主；穆罕默德是主使者。"這句話。
- 禮拜（禮功）——一天五次，黎明、中午、下午中時、黃昏與晚上，面向麥加朝拜。
- 喜捨（課功）——要佈施貧困者。

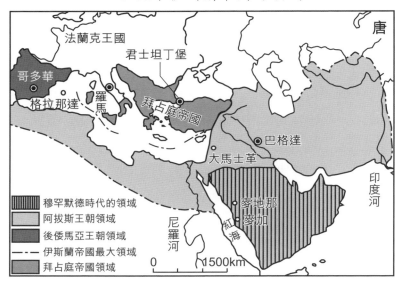

八世紀末伊斯蘭帝國的領域

法蘭克王國

君士坦丁堡

唐

哥多華

格拉那達

羅馬

拜占庭帝國

巴格達

大馬士革

印度河

尼羅河

麥地那
麥加

紅海

穆罕默德時代的領域
阿拔斯王朝領域
後倭馬亞王朝領域
伊斯蘭帝國最大領域
拜占庭帝國領域

0　　　1500km

- 絕食（齋功）——齋月（伊斯蘭曆每年九月）期間，每日從日出到日落必須絕食，也必須節制飲料、吸煙、性行為。

- 巡禮（朝功）——如果有旅費，一生中最少要到麥加朝聖一次。

池田　這五項是回教徒的基本實踐。

　　就宗教與社會的層次而言，今日經常可見的，宗教若只是"治療心靈"這種屬於"個人事體"的話，可說是利己主義的表現，因為那不過是自我安慰而已。但是回教認為，信仰必須在現實生活的實踐中開花結果，具有社會性的視野。

德拉尼安　您說得很對，我完全同意，這也是我們曾經討論過的佛教特徵。

池田 回教的五柱之中，尤以齋月馳名。齋月期間，每天從日出至日落，連一滴水都不能喝，大家平等地餓着肚子。

德拉尼安 這與社會地位和財產都沒有關係，實現了完全的平等。一方面讓大家想起飢餓的痛苦，一方面清理消化系統，這些需要完全的平等。

池田 但這不是強制的規範，據說病人、傷者、孕婦等例外。這並非強制性的，而是出於信仰心的自動自發。至於"朝功"一項，如前面所説，也不是強制性的規範，前提是"如果有旅費"。

德拉尼安 是的。那麼，您在齋月期間訪問過回教國家嗎？

池田 有的。如前面所説第一次訪問（伊朗、伊拉克、土耳其），正是齋月期間。

在被稱為"工作狂"的日本人眼中，白天空着肚子工作，是沒有效率的。但回教徒以為，在日常生活中擁有"神聖時間"，將"克制的生活態度"帶進慾望解放的市場經濟社會中，具有重大的意義。

德拉尼安 進行齋月的絕食，將更能加強信仰的自覺。很多人説，這樣也能讓精神更為充實，能刺激日常的惰性。

我記得非常清楚，那是我十五歲的時候，在回教這是少年變成大人的年紀，我真的很渴望與家人一起絕食。我們在日出之前起床，凌晨禱告後一起吃飯，這樣的宗教行為常使我感到非常興奮。

❖ 禮拜是對"神聖的存在"與"和平"的禱告

池田　一提到回教，令我印象深刻的是世界各地"禱告的身影"，這應該是前面所說"五柱"中的"禮拜"。我們可以看到不論是在世界各地的清真寺，或摩登的辦公廳、大學校園，隨處可見男女老幼的回教徒，鋪着地毯等在禱告。

德拉尼安　禱告要朝向麥加的克爾拜 (Kaaba)"天房"的方向。

　　基督教和佛教也都有禮拜的設施，且在前方大多有禮拜的對象，所以大部分的情況，是信徒向着前方祈禱。但在回教，即使是在清真寺內禱告，也要越過清真寺的牆面，朝着遙遠的麥加方向禮拜，理由是徹底"禁止崇拜偶像"，這與其他宗教有很大的不同。

　　而禮拜設施的牆面，有一個顯示麥加方向的凹處。

池田　報導回教世界的節目經常有的場面，就是在朝霧中，從清真寺的尖塔 (minaret) 傳來告知禮拜時間 (azan) 的朗朗詠唱聲。"前來禮拜，前來繁榮。"(Come for prayer! Come for prosperity!)"禮拜遠比睡覺好"(Praying is more wonderful than sleeping!)；早晨的告知禮拜，是回教世界給人印象最深的光景。

　　我想再請教一件事，做禮拜時要口誦甚麼呢？

德拉尼安　要以阿拉伯語唱誦"真主至大"，以及"萬物非主，惟有真主；穆罕默德是主使者。"

池田　這是之前提到的"信仰告白"。關於"信仰告白"與告知禮拜時間，全世界都是用阿拉伯語嗎？

德拉尼安　是的，還要彼此問候，説："Salam Alaikum"（祝你平安，平安與你同在）。

池田　我記得這時要往左右看，對周圍的人們唱誦"希望和平"。

德拉尼安　是的。對神聖的存在，要一對一面對的超自然性，以及對別人寄以溫暖關愛的社會性，均象徵在禮拜的行為上。

池田　關於禮拜，我聽過一個有趣的小故事。有位日本女性，看到回教的朋友每天在禱告，覺得莫名其妙，以為朋友"有許多擔心事"，於是問："你向神求甚麼？求考試及格嗎？"不料朋友卻罵她："求神，並不是禮拜。"

德拉尼安　敬神並祈禱他人和平的禮拜叫做"撒拉特"（salat），絕不是對神"有所要求"。向神祈禱個人的希望為"都阿"（doaa），被界定在連結神與人的位置。"都阿"雖沒有完全被否定，但基本上禮拜是敬神及為和平的禱告。

池田　原來如此。從剛才的小故事可以得知，日本盛行考試前祈禱及格，或是在新年祈求一年的幸福，這些都是"有困難時求助於神"，不過是形式上的禮貌行為。因此，就有天天禱告者是"依靠他人的弱者"的偏見。

　　另一方面，我們創價學會將日常的祈禱，定位在堅強自立渡過人生的泉源，而加以實踐。

德拉尼安　我很能理解。

❖ 回教成為世界宗教的原因

德拉尼安　我想繼續談談回教的歷史。穆罕默德去世後，公元 661 年烏麥雅（Umayya）王朝成立，750 年烏麥雅王朝滅亡，成立了阿拔斯（Abbas）王朝。阿拔斯王朝持續了大約五百年。從這兩個王朝，可以看到極為明顯的對比。烏麥雅王朝的統治，是阿拉伯人統治異族，即使被征服的民族改信回教，在租稅的負擔上與阿拉伯人還是有很大差別的。

　　相反地，阿拔斯王朝的統治，則沒有阿拉伯人與非阿拉伯人的區別，重視的是信仰心的有無。許多官員都是馬瓦里（Mawali，改信回教的非阿拉伯人）。

　　重視在神面前，一切人皆平等此回教的理念，是《古蘭經》的精神。

池田　據說有學者將烏麥雅王朝歸類為＂阿拉伯帝國＂，阿拔斯王朝為＂伊斯蘭帝國＂，我認為這種稱呼說明了兩個帝國的特徵。

　　現在，我想特別請教博士，在阿拔斯王朝，回教是如何傳遍到其他民族的？我覺得阿拔斯王朝回教的發展，不只限於回教的理念，更在實際的歷史上，超越了民族的障礙成為＂普遍的宗教＂。

德拉尼安　一談到回教，許多人會以為是＂沙漠宗教＂或＂阿拉伯宗教＂，但若以一句話說明，回教在阿拉伯世界以外是如何普及，現今約十億回教徒中阿拉伯人只有一億人，應該是最好的例子。

　　回教在最初的一百年從阿拉伯半島，迅速擴張到亞洲、非洲和歐洲。

池田　這個數字，打破了回教是"東方宗教"的常識。

　　此外，在法國，從信仰的人口來看，最多的當然是天主教徒，但回教徒比起新教徒人數更多，居第二位。我們實在應該消除"回教是沙漠、阿拉伯人的宗教"這刻板印象。

德拉尼安　您說得很對。回教如果要像歷史上的幾個宗教那樣，走上"部族宗教"或"民族宗教"的道路，應該是非常容易的，因為它具有成為"阿拉伯宗教"的可能性。但事實上並非如此。

池田　重點就在這裏。為甚麼沒有局限在民族或部族呢？

德拉尼安　我想有幾個原因。第一是《古蘭經》說得很清楚，"確信真主和眾使者，而不歧視任何使者的人，他將以他們（應得）的報酬賞賜他們。真主是至赦的，是至慈的。"

池田　您的意思是說，《古蘭經》本身就具有普遍化的因素，並且由於是"神的啟示"，所以不單只是理論或原則，而是應該實踐的目標。

德拉尼安　是的。第二個原因是回教迅速往波斯帝國（薩珊王朝波斯）和拜占庭帝國（東羅馬帝國）擴大教勢，旋即造成回教與數目龐大的民族和宗教集團接觸。

❖ 各宗教在民眾的"生活"層次上共存

池田 如坊間所傳，"一手捧《古蘭經》，一手執刀劍"(the sword or the koran) 的強權統治，即使能短暫的統治也不可能長久。與多種民族和多樣傳統的交流，造就了回教的多元文化。

德拉尼安 是的。阿拔斯王朝建立其帝國時，就是對文化的多樣性採取寬容為基本。至於阿拔斯王朝以後回教文明多樣性的實例，我們在第二章已經討論過。現在，我們再來舉幾個例子。

研究亞里斯多德屈指可數的學者，同時也對歐洲中世紀基督教神學影響甚大的伊文·魯薛德 (Ibn Rushd) 就是回教徒。他出生於西班牙的科多巴 (Cordova)，科多巴是羅馬賢人塞內卡 ㊸ 出生的市鎮，基督教牧師學者霍休斯 ㊹、猶太教學者邁蒙尼德 ㊺ 也出生於此，超過我們想像的各種文明交會融合在一起。

池田 科多巴與君士坦丁堡 (現今的伊斯坦堡) 和巴格達，並列為中世紀世界三大都市。

德拉尼安 是的。這個都市有著名的回教清真寺。據說在伊斯蘭帝國統治西班牙時，這個清真寺星期五是回教徒 (每週五中午進行集體禮拜)，星期日則是基督教徒在此作虔誠的禮拜。

科多巴同時也有猶太商人活躍的街道。科多巴的存在，在歷史上證明了各宗教共存共榮的可能性。這樣的城市，其實多得不勝枚舉，薩拉熱窩（Sarajevo）也是很好的例子之一。

池田　是的。談到塞拉耶佛，舊南斯拉夫出身的諾貝爾文學作家伊沃·安德里奇 ㊼，於 1920 年的書簡寫着：“在薩拉熱窩過夜無法入眠的人，可以聽到薩拉熱窩晚間的聲音，那是懷着深厚的確信、天主教大聖堂的時鐘敲響凌晨兩點的鐘聲。經過一分多鐘後，聲音微弱卻動人心弦的正教教堂的時鐘，也敲響出屬於自己的夜半二時鐘聲。比這兩個鐘聲稍慢一些，海灣的清真寺鐘塔，會以遠遠又隱約可聞的聲音，告知時間。”

　我還聽說在舊南斯拉夫，回教徒看到沒有自己聖堂的貧窮天主教徒，曾經送一座聖堂給他們。

德拉尼安　各有不同卻能共存，共存之中又儼然有着差異，從安德里奇的文字中，很巧妙地證明了這一點；這也是歐亞大陸許多城市的現況。

池田　而於現今告訴我們這般情況的是，胡安·葛依迪索洛 ㊽ 的《薩拉熱窩·筆記》（*Sarajevo Notes*），當然其中也描寫忘記共存歷史之後的悲劇，佔了書中絕對的份量。

　葛依迪索洛上日本電視台接受訪問時，曾就薩拉熱窩的宗教多樣性，從容不迫地表示：薩拉熱窩是巴爾幹半島屈指可數的回教都市。訪問當地的他，親眼目睹了令他印象深刻的光景，那是在回教清真寺附近，猶太教堂（synagogue）

與基督教教會共存的景象。

在民眾的"生活"層次上，宗教的共存是可能的。現今薩拉熱窩被報導為"因宗教對立悲劇"而充滿血腥的都市，不久前還是各個宗教共存、一起生活的地方。

❖ 沙漠是大海，綠洲是港口，駱駝是船

池田 這是偉大的地理學家、創價學會初代會長牧口常三郎在《人生地理學》中提出的觀點。一般來說，海洋民族被認為是開放與寬容的，因為他們大多擁有與異文化頻繁交流的長久歷史。

我認為，沙漠中的綠洲都市在這一點上是相同的。沙漠是大海，綠洲是港口，駱駝是船，商旅是船隊。

德拉尼安 這個形容非常正確，我很能理解。

池田 綠洲都市的人們，在日常與異文化、異民族接觸，款待他們並由此獲得利益。不論是波斯或埃及，回教之所以擴大，正是透過沙漠這個大海的港口，亦即以綠洲為據點的既有交流管道而傳播的。因為珍視它，所以當然必須帶有文化的普遍性和多樣性。

德拉尼安 的確，有時候回教徒也會犯下偏狹和不寬容的罪。阿拉伯人在征服的歷史初期，對於非回教徒並不一定是寬大的。

池田 人有時是愚蠢、殘酷的，有時卻是聰明、寬大的。

人有的時候因脆弱而犯下罪行，但也會有令人難以想像的崇高行為。人存在的不可思議，就在這裏。

德拉尼安　我完全同感。一切國家，有時會有騎士般的行為，有時卻做出殘酷的事情，這是歷史經常告訴我們的。

池田　以此為前提，我們從史實學習的是，日常交流這件事非常重要，因為，無論是在薩拉熱窩還是科多巴，民眾曾不問宗教信仰，一起生活過。

德拉尼安　忘記了這種事實時，人們便開始集體不和和對立。

池田　一點也沒錯。盧旺達民族對立的形成，也是十九世紀後殖民主義造成的。在這種意義上，我很喜歡人們充滿活力的“市場”，這個市場不是稍為操作一個按鍵瞬間便有幾億交易的市場，而是“露天市場”（bazaar，波斯語）、“斯克”（suq，阿拉伯語），是人們一起生活的場所，有着熟識的、好心的老店舖老闆夫婦的微笑，還有與生疏人們邂逅的驚奇。

德拉尼安　這種市場世界上到處都有。

池田　我不是沉浸在懷古趣味，或如艾德華·W·賽特（Edward Said）所批判的異國風趣。我要說的是，人們具有重視日常“生活”的觀點時，就能發現與異文化共存的可能性。我認為我們可以從剛才所說的科多巴、薩拉熱窩等“人類智慧遺產”中，學習這件事情。

德拉尼安　我完全同意。我認為人們今日應當去學習的，不！應該去回憶的，就是這一點。

❖ 恢復人"生存的重要性"

池田 有人說，近代始於笛卡兒 ⑱ 的"我思，故我在"，意思是人的理念或理性優於人的存在。

德拉尼安 因此，人便不被任何東西所束縛，而能懷疑和思考。但與此同時，人為了意識形態或理念而有大量的殺戮。

池田 "我思，故我在"一語，是將深受伊斯蘭哲學影響之中世紀基督教哲學的高峰、聖托瑪斯‧阿奎那 ⑲ 的"我在，故我思"倒轉過來的。"我在，故我思"說明了現實生存的重要性。"我在這裏"、"你在這裏"，這是任何東西都不能替代的"生存的重要性"。

離開了現實中的人、現實的人生與現實的生活的"理念"、"哲理"及"宗教"都是偏頗的。因此，我們必須在科技、經濟、醫學、政治等一切領域，恢復活生生之人的"生存的重要性"。

德拉尼安 的確，以阿拔斯王朝為首的回教繁榮，就是因為重視"現實的生活"和"現實的人"所致。

"課功"（喜捨）本來是向神還債的，但具體做法是，這個負債要使用於孤兒、寡婦等窮人身上。由此可知雖是求神，其實是欲將現實世界變為理想鄉（烏托邦）的精神。

池田 您所說的我非常理解。

是否樹立唯一的神等，在教義上當然有所不同，但其精神是"上求菩提下化眾生"，亦即一面尋求自己宗教上的

提升，致力於把佛陀智慧顯現的場所的現實社會的提升，
是等同於大乘菩薩的實踐。

❖ 美好寓言"三十隻鳥"的寓意

德拉尼安　十二世紀神秘主義的詩人阿塔爾 ㊿，在其"百鳥
朝鳳"這首美麗的詩中，對人生精神旅途各種歡欣和困難，
以比喻和寓意來敍述。如前面說過，神秘主義曾受到佛教
很大的影響。

池田　他是回教神秘主義的詩人，也是思想家魯密尊為老
師的人物。這首詩很有意思，請您作介紹。

德拉尼安　全世界的鳥為了討論牠們神話中的神——巨大的
賢鳥鳳凰在何處？而召開了會議。會中，主持者戴勝說：
"我知道鳳凰在高山裏。"於是大家決定去找鳳凰。群鳥跟
隨着戴勝，開始長途旅行。這個旅行，渡過了源自神秘主
義者所説"精神進展路上的階梯"之七個山谷。

池田　探求真理成為冒險故事，這是着重交流與交易之文
明的回教特色。其所謂的七個山谷是……

德拉尼安　從探求、愛情、知識、驚歎、滿足、富裕，一
直到清貧的七個山谷。在旅行過程中，許多鳥脫隊了，説
了好多的藉口和遁辭，或是因為不小心、跟不上而脫離隊伍。

池田　蠻有意思的。脫離的原因都不一樣，由此可以看出，
對於人之多樣性的豐富洞察力。

德拉尼安　好不容易到達了牠們認為是鳳凰住處的山頂時，只剩下三十隻鳥。牠們看了看四周。

池田　根本沒有所謂鳳凰。

德拉尼安　是的，正如您所説。這些鳥發現牠們自己就是鳳凰。

"鳳凰"在波斯語，也有"三十隻鳥"的意思，或許有人以為這是在玩文字遊戲，但詩人亞達爾透過這個寓言告訴我們："神存在於一切生物的共生與相互依存之間。"

池田　佛教故事中好像也有這種寓言。

幸福不是在彼方，而是在與他人一起生活的瞬間、在於探求理想的過程之中。佛教説"娑婆即寂光"，在這個現實世界與苦難搏鬥的人的身影，就是佛陀的身影。佛教也説"煩惱即菩提"，沒有痛苦就是幸福嗎？不見得。堂堂地挑戰痛苦本身，才是佛的真面目。

德拉尼安　原來如此，我了解了。如何使宗教性的信條與現實的社會性調和呢？我覺得必須從理解這則寓言的啟示，以及會長方才所説的佛教哲理着手才對。

❖ 必須有"驚奇的感覺"與"敬畏之念"

池田　詩聖泰戈爾在其詩集《姬坦雅莉》(*Gitanjali*)如此吟詠："停止那種詠唱、讚美歌和捻數佛珠。在門戶緊閉的寺院，如此冷清黑暗的角落，你在禮拜誰呢？睜開你的眼睛吧！最好看一看，你面前並沒有神。農夫耕作堅硬的田地，馬路工人打碎石頭的地方，那裏才有神。不論在晴天雨天，神都與工人在一起，滿身都是塵土。脫去你的法衣吧，向他看齊，來到滿是塵埃的大地上！”

這本詩集，漂亮地吟詠出兼具近代的人本主義與宗教，這也是通於大乘佛教之菩薩行的精神。

德拉尼安　是的。近代的世俗性與宗教信仰，並不是互相排斥的東西。相反地，沒有宗教信仰的現代性的未來，是冰冷而黯淡的。

池田　甘地也曾如此說過。可悲的是，二十世紀的歷史證明了這一點。

德拉尼安　是的。沒讓主要各宗教在道德與精神上主導的現今世界，可能會滅亡，在污染、人口增加、核子武器、生化武器的戰爭，以及精神與道義的貧困中慢慢地死亡……。

池田　美國生物學家蕾切爾・卡遜 (51)，很早就指出今日環境危機，他說的“驚奇的感覺”(a sense of wonder)，是指對他人和未知事物的敬畏之念，現今已失去了，不是嗎？他們以為凡事都能預測、是已知的，故投以短視眼光並欲加以支配和加工，還相信自己能做得到。

德拉尼安　這正是世俗的人本主義傲慢的證明。人本主義不可能弄清楚人的命運，亦即人的局限性、無常和道德的弱點等巨大的神秘性。信仰才能解決問題，因此才會有敬畏之念，感受其魅力和神秘。

池田　不要輕視和敵視自己以外的存在，要以"驚奇的感覺"和"敬畏之念"來看待，如此一來就會有"存在的重要性"與"生存的重要性"的實際感受。為了保有這種感覺，令人深感"永遠的存在"及"超越自己的存在"之宗教感性，是絕對必要的。

德拉尼安　我完全同意，非常贊成您的看法。

第 五 章

永遠生命的立場——意識與人生的變革

❖ 佛教的根本目的，是免去貪、瞋、癡，恢復自由

德拉尼安 池田會長在第三章曾就釋尊出家的目的，作了極有啟示的說明。您說佛陀發現人們"痛苦的原因"，不只是貧困、生病等"悲劇"，還有以歧視的眼光去看待別人是病人、老人等的"心"。我非常贊成這個說法。

我認為，釋尊出家的目的亦即佛教的根本目的，不只是追求財富或健康，更要追求三項自由，簡單來說，就是"免於獨善的自由"、免於錯誤認識即"免於顛倒的自由"和"免於貪婪的自由"。

池田 真是慧眼。貪婪、獨善、錯誤認知——以佛教用語來說，就是貪、瞋、癡。的確，佛教就是尋求免於"歪曲之心的鐵鏈"之自由的實踐哲學。

"貪"如字面意思，就是"貪婪"。"瞋"是瞋恚、憤怒，但與其說是單純的憤怒，不如說是討厭別人的存在，而欲完全予以否定此破壞性的衝動與"獨善"相通。"癡"也稱作"無明"，指不能正確看待事物，而產生顛倒的理解，不是對某事的不了解，而是錯誤地理解某事，即"錯誤的認知"。

佛教稱其為"三毒"，是潛在於人心的根本之惡。釋尊為了解決這種人類社會的根源之惡，而告別王宮。

德拉尼安 免於貪婪、免於獨善、免於倒錯——這三個自由也是神秘主義的理想。

我再重申一次，神秘主義也是受佛教影響的一種思想

運動，它肇始於對獨善的回教合理主義、形式主義、律法遵守主義的反抗，亦即是從"免於獨善的自由"開始的。當時一部分獨善的神學家，為了尊重"神法"，認為律法的條文必須"文副其實"地遵守。

池田 相反地，神秘主義之"道"（Tariqa）的思想，強調遵守律法的"精神"。若只是教條主義地執着於教義的言語（文字），忘記了教義是為何而說的、教義的真正思想是甚麼，就會變成"為宗教而宗教"。

宗教應該是為了人而存在的，忘記了"人"，勢必成為偏狹的狂信和獨善的宗教。非但如此，思索教義的意圖，才是神秘主義的傳統。

德拉尼安 是的。教條主義和精神主義的對立，在其他世界宗教也有，但在回教是不斷對立的。

關於"精神主義"，十三世紀神秘主義詩人魯密直截了當地說："我們抓住《古蘭經》的精髓，把骨頭丟給狗群。"

池田 我們所信奉的日蓮大聖人，批判固執於經典字面的聖職者為"文字的法師"。當然，應該尊重經典的文字和言語，但太執着於表面的文字和言語，就會陷入壞的"原理主義"；而且也有因翻譯和時代變遷以至言語變化的問題。

在日本佛教史上，着眼於這樣的問題，並主張去了解經文所說的意義，進而主張理解佛陀真正想說的內容，就是日蓮大聖人。

德拉尼安 這是正確的評斷，也是正確的主張，正如之前所説是"文、義、意"的問題。

關於第二個"免於顛倒的自由"，與佛教一樣，神秘主義有如柏拉圖 ㉒、亞里斯多德以及後來的康德 ㉓ 在其認識論上所作的論述般，嚴加區別了錯誤的認識和正確的認識。

區別表面的真實（zahir）和內面的真實（batin）的不同是神秘主義的中心思想。為了接近超越表面的真實的內面真實，需要長期的精神教育。

池田　所謂"錯誤的認識"和"顛倒"，佛教用語是"密提雅‧吉涅那"（mythya-joana，梵語），漢譯為"邪見"。正確的認識是"達多瓦‧吉涅那"（tattva-joana，梵語），漢譯為"正見"，也可說是"如實知見"。但從哲學史而言，柏拉圖、亞里斯多德和康德，對"顛倒"與"正確的認識"有不同的區分。

❖ 回想自己的本質，截斷無知之鐵鏈

德拉尼安　是的。在談論此事之前，我想先從柏拉圖的"認識論"（Platonic view）依序說明。

柏拉圖在其大著《理想國》（*The Republic*）中，以其著名的"洞喻"，比喻人的存在，有如被綁在洞穴中的囚犯。洞穴內的囚犯無法直接看到俗世，只能看到外邊光線照射在洞壁上的"陰影"。柏拉圖對於洞穴中囚犯的感覺，和透過洞穴外直接光線的認識，予以區別。

池田　因為洞穴內的囚犯只能看到陰影，卻錯以為陰影就是實體。而囚犯就是我們，現實社會的普通人們。換句話說，根據柏拉圖的說法，我們平素看到的事物，都只不過是"顛倒"的東西。

德拉尼安　是的。這個比喻中所說的"束縛"，即是"無知"。從"無知"解放自己，人類始能截斷"錯覺的鐵鏈"體驗洞穴外的潔淨光線。柏拉圖將這種人稱為"哲人王"，並認為這種人最有資格統治"理想國家"，更認為這個"光線"是包含"真"、"善"、"美"的理想。

池田　這是所謂的"理性論"（Ideenlehre）。牢獄代表我們日常生活的領域，太陽照耀的世界代表"以理性為對象的領域"，即理性的世界。

德拉尼安　我以蘊涵在我們言語的概念，說明了柏拉圖的思想。柏拉圖認為，感官知覺與概念作用形成對比，是人類兩種根源的認識的一對組合，但在柏拉圖的見解上，概念作用是比感覺更為優越的根源。

池田　所謂概念，是在我們腦袋中思考的領域，是"理性對象的領域"。柏拉圖認為這個部分較為出色。透過理性，我們得以認識理性的世界。

德拉尼安　我想補充一下這個見解的，就是柏拉圖的"人本精神論"。

池田　這就是"回憶論"（Anamnesis）。

德拉尼安　是的。根據柏拉圖的說法，人類是從另外一個世界（完全能認識的世界），亦即理性世界而來的，但在降生現世過程中忘了自己的出身。

因此，"學習"並不是要得到甚麼新的東西，而是去回憶所忘記事情的過程，這是柏拉圖的看法。所以，他的教育方式是一種獨特的對話術。他在教學中，對學生發問：你們有沒有忘記甚麼東西？如此訓練學生。

池田　我也常常與青年們談論蘇格拉底和柏拉圖的思想，所以經常翻讀柏拉圖的著作。剛才提到的"回憶論"，出自《米諾篇》（*Menon*）。

柏拉圖說"沒有一種東西是靈魂無法學得"，這句話一直感動着我，這是相信人類的可能性，非常美好的一句話。嚴格來說，就柏拉圖而言，其背景有着"永遠的靈魂論"。

從佛教不承認"靈魂"這個"東西"為實體存在的觀點來看，有些格格不入的感覺，卻是一個事實。但如果把"回憶論"不視為"靈魂論"，而當做"人類所擁有的無限潛能"來看待的話，就會變成非常具有啟發性的看法。

德拉尼安　我完全贊同。在我的理解，人類的學習能力是無限的，但我們卻被文化的結構概念（概念成型），與由五重形成的感覺體驗（感覺）的網子所綁住。為了得到更進一步的理解，我們必須擁有洞察力（精神的理解）和行動（嘗試）。

池田　人類到底擁有多麼崇高的力量呢？從不同角度來看，據說掌管記憶和思考的大腦皮質神經纖維都結合起來的話，將有達到十的十萬次方的可能性。

　　又據說整個宇宙之陽電荷粒子為十的一百次方，即使實際上不可能，人類的可能性的確是超越宇宙的。即使說"我的記憶力只有人家的一萬分之一"，也不過是從大約十萬個零拿掉四個零而已。

德拉尼安　完全沒有甚麼差別。（笑）

池田　這只是一個例子，我相信人類一定能發揮更大的睿智。

　　柏拉圖把普通的人們譬喻為被無知的鐵鏈綁住的囚犯，但柏拉圖的所謂"無知"，並非一開始就完全不知道，而是把知道的事情給忘記了。所以他說，我們可以透過"回憶"自己崇高的本質，截斷無知的鐵鏈。

　　瀰漫於現代社會的無力感與漠不關心，最主要的原因，就是不能確信這"崇高的人類力量"。

德拉尼安　我非常贊同這個看法。現代社會正盼望着，能出現一個使人類無限的可能性開花的文明。所以柏拉圖、康德以及佛教和回教的睿智，在這方面將扮演非常重要的角色。關於這一點，亞里斯多德從老師柏拉圖身上承繼了一部分的認識論。亞里斯多德最重視作為知識之根源的感覺（五感體驗），因此被視為創立現代科學的哲學家。

池田　這是感覺世界和理性世界的區別，也可以說是現實世界和理性世界。

❖ 以言語嚴厲批判認識的局限

德拉尼安　而將此想法更推進一步的，就是近代哲學之父康德。

　　康德區別了不可知的世界和現象的世界，對於不可知的世界，認為是"名辭"的世界。人類為了認識世界，便對世界給予"名稱"，並以名稱來分類，使其能夠理解及認識。

池田　康德以極為簡單而明瞭的方法，在逐漸細緻化的哲學史過程中，作出了人類精神作用的分析。

　　在某種意義上，柏拉圖與康德的立場恰恰相反。柏拉圖認為，人類的理性所認識的世界是理性的世界、理想世界，他將言語和人類的理性認識，擺在感覺之上。

德拉尼安　但康德主張，理性並不立於很高的地位。

池田　是的。我認為康德看出了理性，以他的用語是悟性的局限，他認為，以為人能以合理的理性理解一切，是人類的一種傲慢和越權。

　　我們目睹了"崇拜理性"之結果的奧辛維茲集中營與廣島的悲劇。因此，我很能理解康德暗示人類理性局限的批判。康德看穿了只依靠悟性所形成的見解、哲學和意見，將陷於"獨斷"。

德拉尼安　在此意義上，或許可以說批判獨斷的康德，也在追求我們所尋求的"開放的對話"之條件。

　　的確，在認識這一點上，人類實無法知悉事物的本質。

但人類在現實的人生，應該一直追求崇高的東西、不斷追求永遠的存在。在這一點上，人類能擁有自由的康德的主張，與我們的對話具有同樣的志向。

人類的知識受時間和空間的限制，只有對話能超越時空。

池田 我同意您的看法。康德的精神與我們所談論的、企求"永遠之東西"的宗教精神是呼應的。現在，我想就佛教與康德之"認識論"的相似點，稍作說明。

人的理性無法認識"事物"的本身，故給予"名稱"。在某種意義上，以"名稱"來界定並作為自己能夠理解的形態，這樣才能認識某種東西。例如"男"、"女"、"敵人"、"我方"、"回教徒"、"基督教徒"等。這樣被分類而認識的東西，都不是在我們每個人面前無可替代的個人。康德指出了人類精神的陷阱。

而佛教所主張的，正是如此。我們曾經談過數次，不管是釋尊或龍樹 ㉞，對於我們概念上的認識以及透過言語的認識，都予以嚴厲的批判。在此意義上，佛教比起同時代的柏拉圖等人，更令人覺得彷彿是約二千數百年後的康德。

德拉尼安 可不是嘛。這是佛教出色之所在。

世上經常慣用的二分法——善與惡、光明與黑暗、黑與白、民主與獨裁等，都是無法充分定義真實世界的人心所導致。對此，佛教暗示了其局限。這樣的二分法可說是分析世界現象最原始的方法。

池田　人對於多樣而多彩的世界，不能如實地認識，只是這樣單純化來分類，而且還將自己擺在善、光明、白、民主主義的一邊。

德拉尼安　在探求真理上，我們是"言語的囚犯"，在追求真實的過程中，我們必須超越言語，甚至於音樂、藝術、宗教的儀式和沉默。

池田　被斷定為客觀的事物，也摻有主觀和偏見。就像看到窮人，就認為他（她）"一定沒有教養"、"一定不懂禮貌"等。的確，因為經濟上等理由，或許沒有受過大學等"學校制度的教育"，但這與人格是兩回事。

　　我看過很多默默地、一心一意工作的手工藝人，遠比出身著名大學的官僚，人格高尚的例子。這些人，或許沒有受過正規的高等教育，卻接受了人生的教育。

德拉尼安　我完全贊成這個看法。

　　世上有"人們的聲音就是神的聲音"這樣的一句話。因此，即使有缺點，民主主義的政府仍然是最好的政府。

❖ **從"囚犯之鐵鏈"解放的"如實知見"**

池田　總之，經常提醒我們往往容易陷入"被製造的客觀"和"邪見"的傾性，而引導向"正見"和"如實知見"的，就是佛教所倡說的"空"的理論。

德拉尼安 我非常理解。

池田 可惜的是，"空"在日本被誤解，而頻繁地使用於虛無主義的意義上。其實"空"的理論告訴我們，我們認為理所當然的言語或概念，都是人為與習慣上製造出來的。這習慣所製造出來的東西，佛教稱為"samskara"（梵語）、"行"。

佛教認為"一切習慣上所製造出來的東西，都不是恒常的。"中文譯為"諸行無常"；而欲從習慣的"囚犯鐵鏈"解放我們的，就是釋尊和龍樹。

德拉尼安 依康德的見解，任何言語說出以後，便立刻失去現實的妥當性，因為現實是在一直不停的流動當中，言語卻是僵硬而變成化石。

神秘主義派的想法認為，貧困或一無所有的狀態是，處在最高精神的頂點。象徵性地來說，是為了使自己融入"永遠"，而從世俗的所有物、先入為主的觀念中解放出來的狀態。

池田 是的。現實是千變萬化的。我們不可受到僵硬的言語、意識和概念所綑綁，否則便會迷失本質。

不斷流動當中的事物原本的面貌，佛教稱為"諸法實相"㊿。而觀看其諸法之實相，即是"如實知見"。

德拉尼安 魯密對這點有兩段詩句的形容：

"任何學習過愛之秘密的人，
其嘴被關閉、嘴唇被封住。"

"人們的紛爭從意味論開始，

隨着更貼近深入本質時，和諧將掌握一切。"

池田　當然，放棄一切言語，對話就不可能成立。細心剝去纏繞在言語的"囚禁之心"，"如實之智慧"與"談論真實的言語"才得以成立。

說"嘴被關閉"的魯密，並沒有沉默。他是一位詩人，是言語的天才。換句話說，這兩段美麗詩句中的"嘴"與"嘴唇"、開始紛爭的"意味論"，即是脫離了不斷變化的事物，流動的本質；也是剛才您所說的"變成化石的言語"和"顛倒"。

❖ 現今亟需"免於慾望的自由"

德拉尼安　您說得完全正確。重要的是，人時刻要有不陷於"錯覺"與"顛倒"、要有深度的探求。

第三個自由，即"免於貪婪的自由"，這是佛教的根本自由。佛教告訴我們，人們痛苦的原因正是貪婪，一個人若不能消除想擁有他人或物質的慾望，就無法結束痛苦。財富、權力、形式上的知識、長壽等現代人不停追求的事物，都是貪婪的對象。

池田　但現代卻有達到慾望才是人生目的的錯覺。

德拉尼安 在貪婪的社會中，我們經常受到商業宣傳的進攻。

商業性的宣傳，使人們對於實際上不需要的東西，以為是必要的，若無法擁有就會感到飢渴。每個人的主體性，是如此這般地取決於社會的消費習慣；我們都有非消費不可的既成觀念。

池田 這是很大的悲劇。人無可替代的個性，變成了只有產品選擇的不同。

德拉尼安 依其所坐的車子、所用的香水、所交往的名人，決定這個人的個性。

在這個莫名其妙的競爭社會裏，愈是"擁有"，我們"存在"的意義就會愈加稀薄。淹沒於消費的自我，依靠外在的所有物更勝過內在的生命。T・S・艾略特 ㊱ 寫下著名的詩〈空心人〉(The Hollow Men) 時，他要意味的可能就是這個狀況。

"我們是空心的人，
我們是個內面塞滿東西的人。"

甘地曾說："在這個世界，有我們一切人所需的充分足夠東西。但對一個貪婪的人而言，並不足夠。"這句話是對貪婪社會最中肯的說明。

池田 當釋尊聽到惡魔對他耳語："你如果捨棄佛道修行，

將會擁有喜馬拉雅山般的財富"時，他毅然回答："喜馬拉雅山堆滿黃金，再加兩倍，還是滿足不了一個人的慾望。知道這一點，人們啊，抑制行為吧！"(《相應部經典》)

慾望的喜馬拉雅山，沒有美麗的草原和清澈的湖沼，更沒有鳥鳴。所以今日社會最需要的，是抑制慾望以及免於慾望的自由。

德拉尼安　會長說得很對。神秘主義的詩人薩迪曾說："貪婪的眼睛，應該以禁慾或墳墓的灰來填滿。"

池田　今日，市場經濟的風暴吹襲全世界，幾乎一週就會吹垮一個國家的財政。

德拉尼安　是的。它與之前提到的劃一性消費經濟同一步調，颶倒了世界。

❖ 森博士"將倫理概念引入經濟"的劃時代理論

池田　但並非沒有光明。如泰戈爾所言："我盼望，大動亂過去後，歷史新一頁的開始，以奉獻及犧牲的精神洗淨的晴朗大氣。這樣的曙光，可能會從地平線、從太陽出來的東方照耀。"我相信，從這個市場經濟和消費經濟的"周邊部分"，會出現一個指向未來、新的"智慧"與"實踐"的架構。

而其實例之一就是，在市場經濟大風暴的 1998 年，獲得諾貝爾經濟學獎的阿馬蒂亞・森⑨博士的主張。

德拉尼安 他是一位卓越的思想家，也是第一位獲得諾貝爾經濟學獎的亞洲人。他是首位成功將"人類的可能性"理論地引進一直以來追求"功利"的經濟學架構中的人。

池田 森博士的誕生地，是詩聖泰戈爾以理想的全人格教育為目標而創立大學的印度桑蒂尼克坦（Santiniketan）。"阿馬蒂亞"這個名字據說是泰戈爾取的，具有"超越死"、"不死"的意思。

德拉尼安 據傳，森博士在經濟理論上，對"自由"的重視更甚於財產與經濟效率，他要實現泰戈爾對人類的呼籲"不能成為一切東西的俘虜，要發揮自由的創造"這理想。

池田 是的。他的主張之所以具有強大衝擊力，是因為他一貫堅持"容忍不正義，與作出不正義是相同"這樣的態度。

此種態度，正是創價學會牧口初代會長的態度。牧口會長也是基於"看到惡卻甚麼也不作，等於在作惡"的信念，與軍部權力及在旁協助的宗教權力正面挑戰。

德拉尼安 真的很值得尊敬，我要再次表示敬意。

池田 森博士在接受記者訪問時表示，他的想法來自泰戈爾。（1999年1月1日《東京新聞》）

即使第三世界發生貧困和飢餓，以往先進各國都認為，除了直接原因在於先進國家的情形外，他們沒有甚麼責任。但森博士主張的重要性，在於提出這樣的疑問："你是否作出不公正的事並不是問題。你對於這個事態能做些甚麼？為了改變這樣的不公正你能做些甚麼？才是現今的問題。"

德拉尼安 這是劃時代的觀點。

池田 此外，"承諾"（Commitment）這個概念，也是森博士獨創的構想之一，這是視他人的痛苦為不公正，為了中止這種痛苦而自我犧牲的態度。簡而言之，過去經濟是以"賺錢"為目的，但森博士的"承諾"理論，將"賠錢"也帶入經濟的考慮之中。

德拉尼安 據稱，森博士目睹了 1943 年孟加拉三百萬人餓死的慘況，成為他將"倫理引進經濟"的思考基礎。今後森博士的理論，將成為支援發展中國家的有力基礎。

池田 從他重新研讀亞當·史密斯（Adam Smith）古典經濟學這點來看，他當然也有西方知識的累積，但森博士的想法顯而易見，是以泰戈爾的思想為母體。泰戈爾和甘地的思想絕不會古老。

德拉尼安 佛陀的思想和穆罕默德的思想，也都不會古老。

　　如您所知，伊斯蘭在語源上是阿拉伯語的沙拉姆（Salaam，和平），在希伯來語與平安（Shalom）有關聯。池田會長在和平建言中也論述了"積極的和平"這個概念，也可以說是這個意思。積極的和平若沒有社會的正義，是無法達到的。

❖ **國際發展援助的模範——窮人的銀行**

池田 是的。世上還有許多值得嘗試的想法，這是永遠用不完的精神泉源。

　　今日亞洲還有一位經濟理論學家受到注目，他就是以小額信用貸款馳名的孟加拉格拉民銀行（Grameen Bank）總裁穆罕默德・尤努斯 ⑱ 博士。

德拉尼安　森博士的理論被稱為"窮人的經濟學"，而尤努斯博士的銀行則被稱為"窮人的銀行"。兩者的觀點，都不是要讓富者得到更多財富，而是如何讓窮人克服貧困的想法為基礎。

池田　尤努斯博士提倡的小額信用貸款，首先從他誕生之地孟加拉開始實施。

德拉尼安　給予窮人小額信用融資，它的做法是，銀行人員前往現場，與當事者及周遭人們一邊對話一邊思考，這個人在這裏能做甚麼生意。

　　戶田和平研究所的研究計劃，也提議為了個人的自立和原住民族的發展，對窮苦的女性、少數民族、小農民、貿易業者等，設立提供低息貸款的世界銀行、信用金庫與基金等。

池田　這才是真正"行動的對話"。現場主義（localism）是非常重要的，因為紙上談兵解決不了本質的問題。

　　起初小額信用貸款被認為是"說夢話"，許多人認為"融資給窮人太冒險了，他們借了錢大多不會還"，但結果正好相反，壞賬率低於百分之一。

德拉尼安　真的是出奇地低。

池田 他們認為人家肯融資給窮困的自己，"表示社會還需要我"而保有自尊心，開始拚命努力工作，這正是民眾本質是善良的、聰明的最大證據。同時，不是由上而下給予民眾甚麼的態度，而是與民眾一起思考不幸的原因及消除的方法——這種支援的方法，可說是國際發展援助的一個模範。

德拉尼安 現在孟加拉有一千二百萬人獲得小額信用貸款，在貧困中逐漸以自己的力量站立起來。而且小額信用貸款不只在孟加拉，南非、歐洲、美國等六十個國家都有支援窮人的計劃。

池田 可以說這是"人權經濟學"與"慈悲經濟學"，不同於以往西洋近代合理主義以來的經濟理論的思想潮流，今日的出現實在值得刮目相看。

德拉尼安 這正如會長之前引用泰戈爾的話。

像亞利‧夏迪（Alishariati）、莫爾特卡‧莫達黑利（Morteza Mottaheri）這樣的回教思想家，就出版了許多強調社會正義和慈悲正義的經濟方面的專著。

❖ 世界需要"帶給人類幸福的經濟"

池田 尤努斯博士雖然對於保守的宗教制度，持批評的態度，但從他的自傳可知，他成長於虔敬的回教家庭，受到周圍擁有崇高宗教理想之熱情的人的感化。祝賀格拉民銀行創辦週年時，他還詠唱了《古蘭經》。我認為在廣義上，尤努斯博士繼承了《古蘭經》中支援寡婦和窮人的理念。

　　前面我說過，不是按一個鈕就能操作上億金錢的"市場"（market），而是應該重新評估回教國家所擁有的街頭市場，亦即"bazzar"或"suq"的意義。

德拉尼安　那是能夠看得到人們的臉，互相交談、呼吸交錯的場所。

　　我於 1992 年、1994 年及 1996 年訪問中亞時，看到受前蘇聯統治逾七十年也無法破壞中亞經濟唯一有朝氣之傳統市集的事實，覺得相當驚訝。在亞夏巴特（Ashkabad）郊外，我目睹了幾千人買賣着寶石、布料、地毯、汽車零件甚至家畜的跳蚤市場。相形之下，政府經營的商店卻門堪羅雀。

　　市場是需要的，但應從專賣或剝削中解放出來。

池田　過去，克利福特‧吉亞茲（Glifford Geertz）曾詳實分析市集經濟，特色是沒有定價，依顧客與商人的關係，價錢是變化的。

德拉尼安　在東方主義的偏見下，大多認為惡劣的商人，會對遊客不合理地開高價的形象。

池田　吉亞茲認為，市集是超越一種只有騙來騙去的關係，買方想買便宜一點，賣方想賣貴一點，只有這種慾望的人際關係，可視作為一種社會制度。受了吉亞茲的刺激，日後研究市集經濟的學者增加了，如威廉‧戴維斯（William Davis）則認為，市集經濟的本質在於信賴、道德、誠實、利他行為等人性。

德拉尼安 市集的商人始終在那裏開店，如果繼續賣得很貴，而且貴得離譜時，絕不可能一直生意興隆。良心才是繁榮的根本。

雙方以彼此都能接受的價錢交涉，成交過程中會產生友誼。

池田 沒有定價，會讓人覺得經濟結構很脆弱，但這是因為人際關係脆弱使然。

德拉尼安 市集經濟告訴我們：世界上還有完全不同於追求利潤、累積資本等近代經濟學常識的經濟體制。

池田 在這裏，我們也可以看到"人"。市集經濟不是以貨幣、價格作為基準，劃一性地衡量一切，而是重視多樣的人的因素。

偉大波斯詩人薩迪的作品《薔薇園》(*The Rose Garden*)中，商人這樣說："把波斯的硫黃帶到中國去賣，據說可以賣到很好的價錢。把中國的陶器帶到小亞細亞去賣，將小亞細亞的織錦帶往印度，將印度的鐵運到阿勒波(Aleppo，敍利亞城市)，把阿勒波的鏡子帶到也門，將也門的布料搬到波斯──以後就不再旅行，坐在店裏。"

在此，生意本身就是幸福的人生，充滿着與異文化接觸的豐富文化內涵。事業的成功，絕不是擴充事業規模，而是回到小小市集的商店裏，與顧客交易。

德拉尼安 我們看到了有別於一生擴大的慾望，不同性質的人生。

如您所知，薩迪曾在亞洲四處旅行。從事許多職業，在大馬士革還做過用石材砌牆的工作。他的智慧是從現實經驗中產生的，其著作《真境花園與果園》(*Gulistan and Bustan*) 從新德里到撒馬爾罕、伊斯坦堡直至伊斯蘭各國，有如聖經一樣非常受歡迎。

池田　今日我們在金融市場上，已經看不到"人"了。當然，那裏有因股票或匯率漲跌而一喜一憂的人們，卻沒有人與人的交流。

德拉尼安　是的，是"人"。不論是森博士劃時的經濟理論，或是尤努斯博士的新穎的小額貸款，都有"人"的臉，市集也有"人"的存在。

池田　將人們的苦臉改變成笑臉——"帶給人們幸福的經濟"必將受到注目，實不待贅言。

❖ 深化佛教與人權思想的路程

德拉尼安　我詢問了許多有關佛教的理念。為了使二十一世紀成為"人的世紀"，佛教的理念將扮演重要的角色。

　　佛教的原理有多正確——為了證明這一點，我認為最好的例子就是"人權運動"。人類經過漫長的路程才達到現今的狀態，但還沒有達到實行佛陀"慈悲"教誨的地步，雖然有些進步是事實。

池田　您說得對。

德拉尼安 近代歐洲人權思想的第一步，是將重點擺在所謂的自然權，強調"生命、自由和追求幸福"。這些權利，在歐洲啟蒙運動期獲得了正式化，並在"美國獨立宣言"⑤中明文化。

池田 這就是所謂"第一代的人權"，即生命不受專制君主威脅的權利，是身為人最低限度的權利。也就是說，過去就連最低限度的權利也受到威脅。

德拉尼安 接着來臨的"第二代的人權思想"，是於"世界人權宣言"⑥的明文化。這人權思想尤其着重在思想、言論、良心、結社和表達的自由。

爾後因重視社會、經濟權利之社會主義各國的主張，更加上了就業、社會保障、工人之同盟罷工、就業補償以及社會福利等各種權利，可以稱為"社會、經濟的權利"。而將這三篇文書整合起來，就是國際人權宣言。

池田 馬克思⑥視單純個人的"人權"為利己主義的保障，並批判"這不外乎是公民社會成員的權利，亦即切斷了利己之人的權利，人與共同社會之人的權利。"認為這是資產階級的權利。

於是馬克思提倡"公民權"。他所謂的"公民權"，我認為應該屬於剛才所說第二代的人權。

德拉尼安 是的。人權思想的第三代，主要透過殖民地人民的鬥爭而受人肯定。殖民地人民認為，"宗主國"的文化支配，是對於自己共同文化的一種威脅。

在這裏值得注意的是，人權思想的第一代和第二代，主要是以個人為中心，但第三代承認了民眾集體的權利這件事。這些權利，可以說是"文化的權利"，它接軌於一連串的集體權利宣言，譬如女性、少數民族、兒童、種族歧視、大量殺戮等。

池田　人類從關係生存的權利到社會的權利，進而為文化的權利，一路前進着。

德拉尼安　是的。進而最近有關保護環境運動的人權第四代，在國際間逐漸受到討論。相對於至今以人為對象的第三代，第四代的權利可以說是"生物種間"（編按：兩種不同種生物間彼此的影響）的權利。

池田　"權利"的領域在擴大，從個人到社會以至於人類以外……。

❖ 利他行為提升自己

德拉尼安　近二、三十年來，接二連三地發生了所謂環境災難的事故。例如切爾諾貝爾（Chernobyl）、三哩島（Three-Mile Island）的核電廠爆炸事故，印度波巴爾（Bhopal）的化學工廠事故、阿拉斯加流出石油的污染、科威特的石油失火……。

池田　影響不只是發生事故的當時，對將來也有負面的影響。環境災難不僅超越國界，也超越世代。

再這樣下去，我們將為未來的世代留下許多負面的遺產。但我們不能這樣做，絕對不可以。能留下多少正面的財產和善良的遺產，將是今後的緊要課題。

德拉尼安　以往先進國家所蔑視的土著文化的智慧，隨着認識的加深，人類開始真正感受到生存於天空、陸地、海洋的無數生物若不健全，自己非但無法繁榮，甚至無法生存。

　　將人擺在自然之上，支配自然之啟蒙主義的傲慢，正受到把人類當作自然之一部分的環境保護論者思想的挑戰。

池田　這個看法，受到美國本土、大洋洲等原住民和回教、佛教、印度教的思想，以及第三世界的思想影響很大。

德拉尼安　您説得一點也不錯。第四代的權利思想，將着眼點放在自然與各生物互相依靠的關係上，這與佛教的緣起思想是相同的。

　　更進一步，我們現在必須將觀點，從人的"權利"轉移到人與人之間互相"慈愛"的"第五代思想"。這個轉移，意味着從權利到責任，從法律到社會義務，從法律條文到法治精神，從知識到心靈的轉變。

池田　我很能理解。您非常詳細説明了"人權"的歷史，我由衷感覺到深化人權思想至今的歷史，逐漸接近以釋尊的"慈悲"為首之世界宗教的教義層面上。

　　剛才您所説的"第五代人權"，可説是一種不是從自己去看，而是懷着尊敬之念來看他人的想法；這點與佛教的慈悲相當接近。

有一則象徵佛教人權思想的小故事。某次，釋尊遇到了一個病人，釋尊為他擦拭身體，清洗骯髒的寢具並且曬乾，他對弟子說："服侍病人，等同服侍佛。"

德拉尼安 誠然。"慈悲"不是"由上而下"所賜予的憐憫，而是一種尊敬的行動。

池田 因為與尊敬佛的行為是一樣的，故也可說是"由下而上"。所以在佛教，利他行為是"行"，也就是提升自己的"修行"。

德拉尼安 我了解，這是非常卓越的想法，正是能帶領第五代人權思想、極出色的理念。

❖ 佛教"輪迴説"的精義

池田 講到回教和佛教，一般都以為大家的生死觀截然不同。

德拉尼安 佛教的生死觀是認為人會再轉世的"輪迴説"，回教、基督教和猶太教則認為人只死一次，經最後審判時再轉世。

池田 我們來談談，所謂回教與佛教的生死觀被認為不同的地方。

德拉尼安 從結論來說，我確信只要注視"象徵性意義"，儘管表面上有所不同，但在深處兩者是相通的。

池田 稍稍提一下佛教的生命觀。原始佛典有稱為《長老偈》（*Theragatha*）與《長老尼偈》（*Therigatha*）的一對經典。所謂"長老"是男性佛弟子，"長老尼"是女性佛弟子。這兩本佛典也可說是釋尊弟子們的經驗集。其中明白敍述佛弟子在皈依佛教以前，過着甚麼樣的生活以及為何而煩惱。

德拉尼安　聽起來很有趣。

池田　裏面敍述了親子、與所愛的人離別、病痛、貧窮等各種各樣的苦惱，但因遇到釋尊而獲得解決的情況。值得注意的是，"得到不死"、"獲得不死的境地"等文字敍述，是當時的心境寫照。

德拉尼安　具體來說有哪些？

池田　例如其中有這樣的一段："我失去了一家人，失去了丈夫，在被世間人們嘲笑之中，體會了不死之道。我修得了由八項目所構成的聖道（八正道），直到不死之道。"（《長老尼偈》）"這是不老，這是不死，這是不老不死的境地。這個境地沒有憂慮、沒有敵人、沒有阻礙、沒有過錯、沒有懼怕，離開了熱苦。"（同上）

德拉尼安　佛教所說的理想境地，弟子們將之表達為"不死的境地"。

池田　是的。釋尊在開始傳教時是這麼說的：

"通往不死之門開啟。"（《律藏》〈大品〉第五章第十二節）

"在黑暗的世界敲打不死之鼓。"（同上，第六章第八節）

釋尊對自己的教義也使用"不死"這個字眼，所以"不死"代表甚麼意思非常重要。當然，不是字面般肉體的不老不死。

德拉尼安　是的，不應該作這樣的理解，因為事實上，佛陀死了。

池田　當然更不用說，佛教否定了靈魂不滅，肉體為靈魂之器，人死後靈魂將離開肉體，轉移到其他肉體。

因此，"不死"並非靈魂不滅說。輪迴說也是一樣，不是會不會輪迴，而是必須理解如博士剛才所說的"象徵意義"。重要的是，如何改變意識及人生。

德拉尼安　不錯。我們應該認為佛教"輪迴說"所要教示的，並不是靈魂不滅說，而是人與其他動物一樣，是自然的一部分，並不是站在支配者的立場。

池田　是的。它已超越實際是如何的層次，或許在那邊的鳥原本是自己的親人，自然不會輕蔑鳥或狗，而產生慈悲之心。

有了這樣的想法，生活態度也會隨之改變。自己出生在非常痛苦的立場，若能相信"我在過去世，誓願拯救有相同痛苦的人，而選擇這樣的人生"，其生活態度就會有所改變。

德拉尼安　我非常能夠理解。"輪迴思想"必須具有尊敬一切生命宛如親族才是，同時應具有與痛苦對決的勇氣。如果不把"輪迴"的故事作為一種象徵，而如字面意思予以接受的話，或許將變成一種維持種姓制度的意識形態。

池田 沒錯。婆羅門教也教說如字面意思的輪迴思想。婆羅門教徒吹噓輪迴思想，認為現今的身分決定於過去所累積的惡業上。因此主張身分低微的人，其責任不在於社會，而是他（她）自己的錯誤。

❖ 無限的生命活在每一瞬間

德拉尼安 神話也可以成為如身分制度般表現出壓制正當性之意識形態。

乍看之下，與不談"靈魂"之佛教成為對照的亞伯拉罕系宗教認為，人具有肉體與靈魂，肉體會消亡，但靈魂是永遠存在的。正如一開始我說過，儘管表面上言語有所不同，但這個教義的真正意義，與佛教轉迴說深處所代表的意義，其實是相通的。

善與惡的行動在接受審判日之前，人的靈魂在煉獄中等着命運的決斷。這個神話依我們自己的行動，在這裏過着天堂與地獄、幸福與苦惱的生活。

池田 所謂"不死"，不是真的不死，而是脫離痛苦的自由，這是從輪迴的解放。將這想法說得最清楚的是《法華經》。

《法華經》第十六章叫〈如來壽量品〉——也就是"如來永遠生命之章"，述說釋尊久遠以來就是佛。

德拉尼安 當然這不是字面的意思，必須去思考"象徵意義"。

池田 是的。日蓮大聖人將這個法理說成"既是本有常住的佛的話,那就是本來的形相,這就叫做久遠。"(〈御義口傳下〉・中御二・209頁)換句話說,"久遠之佛"不是追溯過去就可以發現的,而是透過佛道修行,在己心"現在"所顯現的人類本有的生命。

德拉尼安 我很能理解。如果能懂得人們永遠是自然的一部分,就能從對死的恐怖或與慾望糾纏的種種不安中,獲得自由。這個時候,人們就更能服務他人,奉獻社會。在奉獻中,他人的幸福將會變成自己的幸福。

不管我們把它叫做永遠的精神耶和華,還是稱為基督、阿拉或佛陀,當我們躋身於這個永遠性的時候,我們也能不滅。

池田 釋尊說:"勤勵於(信仰的實踐)就是不死的境地。懶惰是死的境涯。努力勤勉的人不會死。懶惰的人們(即使活着)實如死人。"(《法》)

與佛教生命觀有着靈魂共鳴的詩聖泰戈爾說:

愈多施予生命,
生命必將愈湧現,
故生命不會有終結。

佛教視生死為永遠,但這不是靈魂不滅說,而是要在當下的每一瞬間,活出無限生命的意思。

德拉尼安 與會長對談時，我想起兩位女性的故事。

她們是戴安娜王妃 ⑫ 與德蘭修女 ⑬，兩位都是將生命奉獻給偉大的目的，撼動了全世界人們的心靈。戴安娜王妃率先從事許多慈善事業自不在話下，更在令人害怕的掃除地雷運動中，展現出勇敢的行動，從未來英國皇妃的身分，轉變成世界的"心靈女王"。

德蘭修女與年輕富有魅力的戴安娜王妃相反，她雖是身體虛弱的女性，卻挺身走入印度窮人中作奉獻，而獲得諾貝爾和平獎。這兩位非凡的女性，都是完成自己人生的可能性，克服自身之死的精神模範。

她們都不是繼續過着懶惰不關心或優雅孤獨的人生，而是選擇了為舒解他人痛苦而苦惱的人生之"王妃"與"聖母"，受人緬懷，將永遠活在全世界人們的心中。

第 六 章

"宗教精神"的蘇生 —— 創造價值的靈魂

❖ 以"宗教精神"的蘇生為目標

池田　我認為現今是宗教精神逐漸衰退的時代，尤其是年輕人，這種傾向特別明顯。不知道回教國家的情況如何？

德拉尼安　讓我想想看……。關於"宗教精神"，我認為反而是年輕人比較熱衷學習回教教義，重視回教的傳統習慣。另一方面，令人憂心的是伊朗有些神職者，拚命保持權力來鞏固基礎。

池田　據說不少留學歐美的回教青年，因體會到現代文明的弊端，失望之餘，返國後紛紛回歸回教傳統的例子。

在歐美和日本，"宗教精神"是明顯地枯涸了。但反過來，有人指出，愈來愈多青年變得非常現實，並且嚮往神秘和超自然、迷信的東西。

德拉尼安　是這樣沒錯。很諷刺的是，隨着科技的進步，相信咒術和迷信的風氣反而蔓延，令人覺得一方面對宗教制度的確信日漸薄弱，同時卻對精神性的尋求逐漸增長。

池田　從科學技術的角度來看，人類應該是驅走了"無知的黑暗"，並得到充滿光明的未來才對，結果得到的卻是汽油彈的光芒、原子彈的閃光；而且被驅走的不是黑暗，而是數不清的無辜民眾。

不是照耀一切的希望光芒，而是消滅一切的惡魔閃光——這不啻是暴力黑暗的極致。

德拉尼安　的確是如此。二十世紀的歷史是一個悲劇，人類精神可說是在暴力泛濫之中，流離失所。

池田 所謂"技術"，是指產生某種價值的工具，然而它卻產生惡魔的閃光，時至今日，更形成連資訊也要消費的巨大消費社會。

德拉尼安 提到"消費"資訊的技術，例如是電視。電視和電腦讓我們得到許多資訊，但這些資訊使我們變得聰明，創造更有價值的生活嗎？實在令人存疑，因為這些片面的資訊，不過是為了消費而使用的工具或技術而已。

池田 現今我們所使用的技術，不是"為了製造"某種東西，而是"為了消費"某種東西，似乎變成了消費技術本身的時代。

德拉尼安 工具和技術的變化日新月異，與其說是在使用它，毋寧說是在不斷購買中埋頭消費；技術社會宛如是個消費技術的動物。

池田 是的。所謂"消費"，即是"減少價值"。我們會依商品的價格感受其價值，如果又是不易取得的稀有物品，則擁有的優越感將益增物品的價值。若是物品舊了，或是別人也開始擁有同樣的物品，則價值感就會降低，進而想買新的"有價值的東西"，這當中並沒有創造價值的喜悅。

與此相反，所謂"宗教精神"，我們可以將宗教精神說成是"創造價值的靈魂"，是指對路旁的花草，甚至看起來沒甚麼的石頭，都會感到共存的連帶感，並由衷希望在地球另一端不曾謀面的人們幸福的心情。

德拉尼安　一點也不錯。人類精神若發揮作用，就會產生更大的價值；但消費物品則是減少其價值。

池田　相反的，"宗教精神"是從虛無中創造未來，是從絕望中創造出希望的精神力量。

犬儒主義者沒有創造價值的靈魂，在他們眼裏，一切都是虛無或無價值。科學點亮了人們外在的世界，卻使內心的世界亦即人的內心陷於黑暗。我認為，能點亮人心之光的是哲學，是宗教精神。

德拉尼安　我深有同感。宗教精神與其說是對特定宗教或宗教制度的信仰心，不如說是最為普遍的精神狀態及做人態度。

池田　是的。遺憾的是這種宗教精神一直在衰退，該如何因應此危險狀況？幸好我們從歷史上可以找到處方。

❖ "儘管如此，也要活下去"——將絕望變為希望

德拉尼安　處方之一是佛教或回教。如我們之前談的，佛教和回教都是從迷信或咒術等傳統中覺醒的精神運動。

池田　以此層次而言，"伊斯蘭"(Islam) 據說是"絕對皈依神"的意思。或許如著名神學家保羅・田立克 ⑥⑷ 對"宗教"所下的定義般，是以"終極關懷存在之概念的根源"為目標。

德拉尼安　是的。嚴格來說，它是對一切存在之"積極而完全投入的關懷和憐憫"之意，是積極的和平，亦即愛與勇氣

結合之狀態。

池田 之前我們提到伊斯蘭是"宗教改革"。據說穆罕默德因強調"積極性"，而向當時咒術部族的宗教，以及猶太教和基督教的信仰表示質疑。

德拉尼安 是的。對猶太教和基督教的質疑，《古蘭經》寫着："我們（回教徒）只歸順他（阿拉）。"此外，穆罕默德對咒術的多神教是徹底批判的。

剛才您提到保羅·田立克，使我不由地想起"田立克老師"，他是我的恩師，我向他學習許多與一切偉大精神傳統共通的宗教精神。

池田 我很清楚。田立克博士被納粹迫害，亡命美國，您能跟隨田立克博士學習，是在就讀哈佛大學研究所的時候吧。擁有偉大的老師，是人生至寶。

德拉尼安 的確。池田會長也有戶田城聖第二代會長這位恩師。我們都遇到了不可多得的老師……。

池田 田立克博士的著作《活下去的勇氣》一書 (*The Courage To Be*)，給予生存在奧辛維茲 ㉕ 和廣島以後的我們莫大的希望。這本不朽的名著，是人類的財產。

德拉尼安 完全正確。田立克博士在書中正視了現代的苦惱與絕望，告訴我們"儘管如此，也要活下去！"

池田 "儘管如此"的德文 trotz，是《活下去的勇氣》一書中的關鍵詞。

他的人生態度，與二十世紀名著《夜與霧》作者維克多

・佛蘭克爾⑥⑥相通——"即使如此，人生要説是！"

德拉尼安 對親身經歷奥辛維茲集中營的慘劇、飽嘗人性之惡的他，還是選擇相信人性，肯定人生。

池田 此人生態度，是以艾德華・薩依德作為座右銘，與葛蘭西⑥⑦所説"在認知上是悲觀主義，在意志上是樂觀主義"這句話相通。所謂"意志上的樂觀主義"，換句話説就是不屈不撓的勇氣，是正視現實黑暗仍然要前進的勇氣。

德拉尼安 我完全贊成您的看法，他們都具有一致的志向與態度。基本上，他們凝視着死亡與絕望，同時想轉變為生存與希望。

池田 這與不願正視現實深淵，只求慾望達成及快樂為幸福、肆無忌憚且毫無內涵的樂觀主義完全不同。人類之所以會造成那樣的慘劇，不單單是希特勒或納粹的問題。田立克指出，民主主義也會有墮落為順應體制主義，被"犬儒主義"、"不關心"、"不感動"的虛無所吞沒的一天。

為了避免這種狀況發生，他在《活下去的勇氣》中主張，要正視人類生命奥底所隱藏的黑暗、"儘管如此，也要活下去"這強韌的意志。

❖ **宗教是對存在之根源的"終極關懷"**

德拉尼安 我在哈佛大學唸研究所時，常去聽田立克博士的課。我與田立克博士都有同樣的見解，即宗教是對存在之根源的終極關懷。如您所說，他對宗教本質所下的定義，也適用於伊斯蘭教。《古蘭經》中"永遠不變的宗教"（al-din al-gavim）這句話，顯現出"普遍性"。

池田　我想再補充一點，我認為穆罕默德主張"回歸亞伯拉罕的時代"，並非意圖回到所謂"基本教義"的祖先時代，而是他在摸索着更普遍的"宗教性的事物"。

德拉尼安　關於"宗教性的事物"，會長也曾在哈佛大學的第二次演講中，指出其重要性（1993年，講題"二十一世紀文明與大乘佛教"），與剛才所說"宗教性的精神"有關聯。

池田　佛教有"佛母"的想法，這是使一切佛皆能成為佛之根源的教義，可說是探求"普遍性"、"根源"之志向性表現。

　　總之，"終極關懷"或許給人一種狂信、排他的印象。但排他的狂信絕對不是"終極"，排他的狂信是部分且狹隘的關懷，只有情緒上的關懷，不是對人類存在根源的關懷，而是以利己為目的，有時甚至會成為以國粹主義為目的的關懷。

　　"終極"的意思，是拿出人所擁有的一切善的性質和善的力量，來追求人類存在之根源。探討"人是甚麼"、"自己為何而活"時，這不應該是排他的，而是非常人本主義的事情。

德拉尼安　我完全贊同。正如會長多次提及，人本主義不應局限於人類，應與一切自然及生物的生命大地息息相關。

❖ 用心領會言語深處的"意思"

池田 或許稍微偏離主題，我認為回教、基督教和猶太教都有"預言家"（先知）。

在日本，"先知"這個詞彙，因發音相同，常常與具有超能力、能預知未來的"予言家"相混淆，許多人將出現於《古蘭經》、《舊約聖經》等的"先知"誤解為算命者。

德拉尼安 一般來說，我們常使用同樣詞彙而有完全不同的解釋。在此意義上，我們也許是"言語的俘虜"。因此，我們應該把言語當作是一個單純的出發點，一再努力於理解言語深處的意思，這是增進相互理解與對話的良好方法。

池田 我與您的看法一致。譬如"先知"，在下判斷前，他必須清楚這句話是用在甚麼樣的文句中，如果沒有這樣的"精神努力"，就很容易先入為主或斷章取義。

從佛教的傳統來看，釋尊和龍樹都對"言語"非常敏感，再三指出"言語的習慣"和"一般概念"是如何欺騙人們。

德拉尼安 我很能理解。

池田 佛教提倡"文、義、意"。"文"是言語或字面的意思，"義"為透過前後關係，文句脈絡，某種語言或文字所擁有的深意，"意"則是指蘊含在該言語或文字中作者的意圖或心情；當然在佛經，它是佛心。

"文、義、意"中最重要的是"意"，我們必須深思，這個言語究竟是發自想欺騙或要支配人們的惡意，還是出自盼望人們幸福的善意。總之，"預言家"與"予言家"在日語發音相同而造成混淆的情況下，可說是"文"和"義"的階段，已經發生問題了。

德拉尼安 抽離伊斯蘭教，以一般宗教來說，"先知"與宗教學所說的"神秘主義"有關。"神秘主義"與一般所持的想法不同，不是單純的神秘論，原則上是重視自己的經驗更甚於教義的立場。

關於宇宙與生命的開始及終結，存在着很大的神秘。神秘主義並不是去認識和說明這些神秘，而是以敬畏和稱讚之心，接受這些神秘。

池田 說到"神秘"，往往令人想到奇蹟或超自然的存在。但回教著名的神秘主義者沙佛爾・伊本・阿布迪拉 (Safl Ibn Abdillah) 說："最大的奇蹟，就是把壞的性質改變為好的性質。"

總之，神秘主義並不是遠離人類的東西。

德拉尼安 是的。神秘主義重視經驗更甚於奇蹟，重視精神更甚於律法的字句。

池田 當然，經典是必要、是大前提，但隨着時間的經過，會有各式各樣的經典注釋，而那些有權威的詮釋者，往往忘了"文、義、意"中的"意"。於是，就會出現曾貼近宗教根本精神的警世先知，以批判既有的宗教文獻、僵硬的教義體系及墮落的宗教權力，直接談論神的"旨意"，復興宗教的神。各種宗教，都一再重複這樣的歷史。

德拉尼安 您說得是。拜火教 ⑱ 甚至有每一千年會出現新的先知，引導人類的預言。

池田 雖有其意義存在，但在二十世紀末，可以看到出現了一些 "予言者" 或自稱 "預言家" 的人，煽惑人心、引起社會不安的例子。膚淺的神秘主義，也有陷於恣意的可能。

德拉尼安 因此最重要，是以甚麼作為基準。

池田 是的。

❖ 對抗權力來拯救 "原典之心"

德拉尼安 那麼，這個 "基準" 是甚麼呢？

池田 觀察歷史上完成重大變革的運動，我認為 "警世之人" 不是恣意的，而是以 "回歸原典" 的方式來說出預言。馬丁路德是如此，日蓮大聖人也主張 "回歸《法華經》之心"。日蓮的奮鬥就是從日後的詮釋者所加注的解釋中，搶救了原典之心。

也就是說，自身的經驗是否吻合或等同於釋尊的經驗（佛法稱作 "如說修行"），可說是日蓮超越任意性而獲得普遍性的基準。

德拉尼安 我非常能理解。回教則認為其教義本身，是透過先知傳達給人們的教義，是一再出現的 "永遠教義"。

回教所說的先知，並非算命者或占卦者之類。先知是對人們行為所造成的結果，提出警告或承諾，而由神遴選出來的人。穆罕默德認為，自己是傳達始於亞當、諾亞、摩西以及耶穌所翻譯出來的神之永遠訊息的普通人。

池田 有人説"先知不為故里所容"。換句話説，發出警世之聲的先知們，往往受到權力者的迫害，也成為人們嘲笑和漠視的對象……。

本來，人在虔誠的祈禱中，能反省自己；在熱切的禱告中，會因同情他人而流下淚水；快要被困難打敗時能在強烈的祈禱中，重振勇氣。這就是宗教、禱告和信仰。輕蔑這種宗教精神的國家，將變成精神貧瘠的國家。

不待贅言，封閉且墮落於利己主義的宗教或迷信，將更加蔓延。

德拉尼安 穆罕默德、釋尊、耶穌等基於此危機感作出批判，馬丁路德也是如此。

池田 日蓮佛法也是一樣。日蓮大聖人對貴族化且看不起庶民的既有宗教，以及墮落為儀式主義的宗教，展開了正面的戰鬥。

我們創價學會的運動，也是對江戶時代德川幕府以其權力，將佛教改造成只為管理戶籍的檀家制度與葬禮化，呼籲再一次"回歸釋尊的精神"、"回歸宗祖之心"的宗教改革運動。

德拉尼安 我能理解且完全贊同。

❖ 創造多樣性開花結果的豐饒"共同體"

池田　針對佛教與回教的對話，我們作一個總結，並思考對於今後社會，這兩個宗教能作出甚麼貢獻，以現代回教和現代佛教的意義為中心議題，展開討論。

德拉尼安　贊成。

池田　有人說現代是"分裂和對立的時代"，各種主義、主張甚至興趣和嗜好，皆強調差異。但此差異，絕不是豐富的個性，大多是為了加強對已被劃一化的集團的歸屬意識，而所製造出來的虛構。

德拉尼安　如您所說，由於移動能力的日益加速，心理上產生混亂，此混亂引發認同上的不安，進而嚮往神秘和超自然的存在。

　　此舉使人執着於特定的消費物質或別人的認同，但這是虛假的認同。例如認為東方與西方對立的"東方主義"即是。資本主義和共產主義的對立，在冷戰時期提供了虛假的認同，這種陳腔濫調的意象，讓開誠布公的對話更形困難。

池田　在此我想提的是，人們互不排斥而聚首的"共同體"（community）之可能性。附帶一提，相當於共同體的用語，回教是"烏瑪"（Umma），佛教則是"僧伽"（Samgha）。

德拉尼安　我覺得這個主題可以另立一章，是重要的主題。

　　首先我想到的是"宗教"的字源。"宗教"的英文"religion"，是"再結合"的意思。

池田　猶太教、基督教和回教中，它是將"神"與"每一個人"結合起來的意思。

德拉尼安　這三個以亞伯拉罕為父祖的宗教信徒們，與神結下要以信仰為根本渡過人生的"契約"。在阿拉伯文中，這"契約"稱為"密沙克"（mithaq）。

回教的契約，是以口唱"萬物非主，惟有真主；穆罕默德是主使者。"此唸功來加強。因口唱唸功，所有人不分性別、種族和民族，都能成為回教徒。

最早的回教國家成立於梅迪那時，所有人與穆罕默德訂立契約，受其保護。回教共同體（烏瑪）是這樣創立的。

《古蘭經》說："你們中當有一部分人，導人於至善，並勸善戒惡；這等人，確是成功的。"或許可以說梅迪那時期"烏瑪"的成立，是將過去麥加時期所確立"神與少數個人的關係"，在社會之中強而有力地展開為"人與人的關係"。

❖ 真正的宗教是要建設理想的共同體

池田　也可以說是信徒本身受到引導，自覺要將神的慈悲、寬大、重信義等屬性，在社會上予以實現；而其基礎就是"烏瑪"。

德拉尼安　是的。"烏瑪"不是離開社會的信仰集團，而是共同信仰的信徒社會。所有《古蘭經》的章節皆始於"奉至仁至慈的真主之名"這句話。有人說回教是"刀劍的宗教"，實是不知此事實所致。

池田 成立烏瑪，回教成為以信仰為基礎的共同體組織。而在此之前，支持部族共同體的是"血緣關係"。

德拉尼安 是的。所以有些反對穆罕默德的人，責罵他"切斷了血緣關係"。對那些人而言，血緣關係是不容懷疑的東西。相反地，凝聚烏瑪的原理卻是"信仰"。

池田 以血緣關係建立的共同體，的確很堅固，但卻是封閉的共同體，也會成為歧視和鎮壓的溫床。

德拉尼安 由穆罕穆德弟子們所整理的文集中寫着："有如織布工人手上的梳子，一切人皆平等。白人不可能對黑人有優越感。"

回教共同體的成員並非只有回教徒，他宗的信徒即使不改宗，也能成為成員，稱為"受保護者"。

池田 佛教的"共同體"也不是離開社會的"封閉教團"，而是佛教理念與現實社會的銜接點。原始佛教共同體的"僧伽"，有"集合"、"集團"甚至"基爾特"（guild，發達於中世紀歐洲，由商業、手工業工匠、工藝師與徒弟等所組織的同業公會）的意思。

德拉尼安 "僧伽"是印度社會原有的，還是佛教原創的呢？

池田 好像是釋尊運用社會既有的理念而來。當時以農業為基礎，都市國家成立，經濟活動日漸熱絡，其中有些都市國家採用民主共和制，經濟活動則是以同業的基爾特共同體為核心。事實上，這個共和的政治體，以及基爾特的經濟共同體就叫做"僧伽"。

德拉尼安 佛陀以自己的教團為模範，尋求現實的共和與民主的集團，這是很有趣的話題。

池田 是的。他視"僧伽"為理想的集團。

德拉尼安 原來如此，與回教"烏瑪"的理想是相通的。

池田 此僧伽共同體非常遵從四攝事。所謂"四攝事"，是"佈施"、"愛語"、"利行"和"同事"，以現代話來說是"施予他人財物或教法"、"以親切的言語交談"、"利益眾生的行為"、"一同工作"。

德拉尼安 真是具體又實際的實踐指標。

池田 是的。在現實社會以具體方式，實踐佛陀教義的場所就是"僧伽"。總之，真正的宗教，磨練自我與救濟他人是息息相關的，因此，當然應該在社會上以建設理想的共同體此種方式展現示範。

德拉尼安 我完全贊同，這也是"烏瑪"的理想。但是理想歸理想，這會因人類的脆弱而無法實現。近年來伊朗、伊拉克戰爭和波斯灣戰爭，演變為回教徒之間的戰爭，就是最好的例子。

❖ 與現實對話是活化組織的血液

池田 據說中世紀的日本，有些高僧不知道當時發生了二分天下的源氏與平氏的戰爭。的確，或許有一個時期，是要放下現實的相關事物，專心於孤獨的修行，但釋尊也要求弘法者"要為人們的幸福周遊各地"。身為領導僧團的高僧，卻不知道現實社會的情況，這是說不過去的，也證明了該僧團是一個封閉的教團。

組織是結合理念與現實的關鍵，因此組織非常重要。透過靈活的組織，理想能改革現實。與此同時，透過與現實的對話，理想就不會變成偏狹的教條。

德拉尼安　遺憾的是，個人主義的過度蔓延，討厭組織的風氣愈來愈盛。

池田　當然，封閉的組織應該受到批判。我們必須看清楚，這個組織所訴求的理念是甚麼？在從事何種活動？對社會有何貢獻？

說到組織，家族也是一種組織，如果否定組織的一切，"國家"這組織勢將過於臃腫。我們在二十世紀看到太多令人生厭的實例了。

對於"討厭組織"的風氣，在其根柢裏，我感受到利己主義和國家主義這對"極端的孿生子"的坐大。我們必須跨越國家的疆界，在個人與國家之間，建立起血肉相通的組織體、民眾的連帶。

德拉尼安　您說得很對，它的方法就是"對話"。

池田　是的。對話是給予營養和氧氣，滋潤組織的"血液"。"對話"這溫暖的"血液"是否暢通，是判斷一個組織是否"活組織"的基準。此外，理想的共同體和真正的組織，其必要條件之一是平等；成員之間有平等觀是很重要的。

　　日蓮稱當時的執政者為"蕞爾小島的國主"（〈種種言行回憶書〉・中御三・79頁），一語道破其本質，指出日本的執政者再怎麼神氣，也是不知世界為何物的細小存在。

德拉尼安　說得太好了。

❖ 佛法平等觀的根本是尊重他人的佛性

池田　大聖人又説："日蓮今生出生於貧窮下賤之旃陀羅家。……心中信奉《法華經》，所以對於梵天帝釋也不感到恐懼。"（〈佐渡御書〉・中御三・108頁）所謂旃陀羅（梵語 Candala 音譯），是種姓制度以外的人。

　　大聖人將自己的出身，定位於最受歧視的民眾之中，並從民眾中高聲宣言信仰《法華經》而獲得靈魂的尊貴。此外，他也高聲宣言："不分男女"（〈諸法實相抄〉・中御三・36頁）道出男女本質上的平等。

德拉尼安　在現代這是理所當然的事，但當時與今日情況迥然不同。日蓮説出那樣的話，意味着他將成為迫害的對象。

池田　是的。佛教平等觀的特徵，在於視一切眾生皆有"佛性"⑥。換句話説，不是去可憐被歧視的人們，而是對同樣擁有的"佛性"的人表示尊敬。

　　《法華經》〈常不輕菩薩品〉説，常不輕菩薩⑦對任何人都尊敬，行禮拜行。這個"禮拜行"，梵文為"namas

kara"、"namas te"，是"皈依於您"的意思。

德拉尼安　今日的印度和尼泊爾就是這樣向人問候的。印度人和尼泊爾人之所以合掌行禮，是以尊敬之心禮拜對方的象徵。

池田　這可能來自於同樣的傳統。佛教平等觀的根本，是對於他人的尊敬。如果認為自己偉大，經濟寬裕而去救濟可憐的人，其行為背後其實是利己主義在作祟。

　　然而事實並非如此，因為尊敬他人的佛性，而有了利他的行動，同時也是在服侍別人的佛性。如此一來，利他的行動才不會陷於偽善。

❖ 回教社會追求的平等與寬容

德拉尼安　這是打動人心的話，也是要銘記在心的話。

　　關於回教的平等思想，我們談了不少。為了比較和對照，我們再概括一次。

　　回教登上歷史舞台是公元 622 年，當時的阿拉伯與薩桑王朝波斯、西亞的拜占庭帝國（東羅馬帝國）一樣，不平等是共同特徵，有如種姓制度般存於悲慘狀態。

池田　位於西亞與歐洲主要帝國銜接處的麥加，也是南亞與西亞之間的貿易中心，繁榮可想而知。但另一方面，貧窮也日益擴大，產生了經濟上的差距。

德拉尼安　一向都是如此，繁榮讓不公平更加顯著。在那樣的時代，出現了回教。

　　如前面所說，穆罕默德說示的唯一神教義，以及人人皆平等的根本思想，很快就得到認同，信徒日增，卻引起自家部族的憤怒，穆罕默德與弟子們不得不逃出麥加，前往梅迪那。

　　由此而誕生的梅迪那回教國家，建立了回教徒與非回教徒之間的平等原則。

池田　也就是梅迪那憲章。

德拉尼安　是的。從神（上帝）的眼光來看，它宣稱一切回教徒的平等，但是沒有設定信仰深淺的不同。

池田　即使不是回教徒，只要繳納稅金，便能獲得"受保護者"的身分，具有自治的權利。

德拉尼安　是的。他們的自治體便在回教國家的保護下運作。此外，昔日的阿拉伯存在着奴隸制度，而且女嬰一出生就會被弄死。但回教嚴格禁止殺害女嬰，奴隸也因信仰回教而獲得自由。解放奴隸在回教法制上有明文的規定。

池田　回教解放奴隸的事實，不大為人所知。

德拉尼安　當時的女性和孤兒皆處於備受歧視的立場。回教為了保護孩童的權利，鉅細無遺地規範了家族的關係。以現代標準來看，回教有關結婚、離婚、繼承等法律雖仍維持着男女的不平等，但回教社會正努力改變中。

池田　穆罕默德的父母親很早就過世，因此對於孤兒和孤苦無依的人，回教有特別予以保護的規定。例如繼承問題，在伊斯蘭以前的部族社會，只有父系的男性親人才有繼承權，但現在也承認寡婦和孤兒的繼承權。

德拉尼安 《古蘭經》中可以娶四妻的著名規定，也可解釋為是為了保護因戰爭等失去丈夫或父親，被迫犧牲的寡婦和孤兒。

至於保護異教徒，穆罕默德遠遠超過當時政治、宗教上的寬容水準，規定了回教徒與非回教徒的共存法則。

回教年表

公元 500 年				
	570 ？	薩桑王朝波期最盛時期 穆罕默德出生（~632）	593	佛教傳入日本 聖德太子攝政
600	622	聖遷	607	小野妹子任遣隋使
	651	薩桑王朝波斯滅亡	630	第一次遣唐使
	661	成立倭馬亞王朝（~750）	645	大化的革新
700	750	成立阿拔斯王朝（~1258）	710	天平文化全盛時期 遷都平城市
	751	由唐傳來製紙法到回教世界		
	756	成立後倭馬亞王朝（~1031）	794	遷都平安京
800		巴格達繁榮	894	廢止遣唐使
900	932	成立布偉希王朝（~1055）		攝政關白政治
1000	1038	成立塞爾茲克王朝（~1157）		開始院政
1100	1096	第一次十字軍東征		
	1169	艾尤布王朝成立（~1250）	1192	成立鎌倉幕府
1200	1258	蒙古軍佔領巴格達	1274	元寇（文永之役）
	1299	奧斯曼帝國成立（~1922）	1281	元寇（弘安之役）

池田 剛才我們提到，梅迪那憲章以非回教徒為"受保護者"而保障其安全。我覺得在法律制度上重視少數人，的確是值得肯定的。

德拉尼安　有些歐洲和美國的歷史學家主張，傳統的回教社會比傳統的基督教社會，擁有高水準的平等與寬容。

池田　著名的歷史學家馬克‧柯恩（Mark Cohen）即是其中一位。他比較中世紀回教社會與歐洲迫害猶太人，得到這樣的結論：“'受保護者'在稅金制度上雖與回教徒有差別，但也因此沒有受到迫害得到保護。”

德拉尼安　奧斯曼帝國下的“米利特制”㉗，承認少數者的非回教徒，具有基督教國家的異端者所沒有的自治權。

　　而現今世界的狀況是，阿拉伯、以色列的紛爭，使回教國家的猶太人面臨了危險；而伊朗、蘇丹等國家，大同教徒和基督教徒也受到迫害。

❖　差異不是“歧視”，而是“尊敬”的依據

池田　在奧斯曼帝國的猶太人共同體，維持着猶太的文化傳統。平等不是劃一，而是認同差異，並不因差異而加以歧視。絕不是要消滅差異。

德拉尼安　是的。現代社會總是以同樣尺度來衡量人，這是不正確的。最明顯的例子就是所謂的智力測驗。自從開發測定語言能力和數學能力的統一測驗後，體能、音樂才能、適應社會等能力和智能，便受到輕視。

池田　您說得一點也不錯。體貼別人的心、與惡奮鬥的勇氣等，絕對無法用智力測驗來衡量。然而，這種精神力量，

正是人類最大的德行。

德拉尼安 "公正"、"平等"必須以肯定人的多樣性、尊重其價值作為出發點。生是多種樣貌的，而死是同一樣相。

　　最平等、公平的社會，其先決條件是，能夠讓人們相信，每個人皆能發揮不同的潛力。性別、人種、民族、年齡的不同，不是差別的依據，而是應受到讚美和尊重的多樣性。

池田 異質性不是差別的根據，而是尊敬的依據，這個想法太好了。

　　佛教有"櫻梅桃李"的想法。櫻花有櫻花的長處，梅花有梅花的優點，桃花有桃花的美，李花有其獨特的價值。各自綻放有個性的花，使社會充滿着多樣性的豐饒的芬芳和果實。

德拉尼安 這是非常具啟發性的思想。

第 七 章

"地球文明"的創造
——達至和平的第三條道路

❖ 構建波斯灣地區的和平

德拉尼安 1998 年 12 月，美、英兩國以伊拉克拒絕聯合國調查為理由，對伊拉克進行轟炸。

我認為此舉不應該是針對伊拉克的態度，而是應從長期的觀點，思考如何在波斯灣地區建構"共同的安全保障"。不僅是波斯灣地區的八個國家，聯合國安理會常任理事國也必須好好地討論。

池田 沒有勝利者的愚蠢戰爭，絕不可以重蹈覆轍。為此，我們必須有促進裁軍、緩和緊張，確立世界性經濟合作體制等多元且全面的構想。

希望戶田和平研究所能為此好好研究。

您在 1991 年初波斯灣戰爭爆發時，寫下一首憂慮戰亂的詩，當時十六歲的令媛閱讀後也回覆了一首，是父女美好的交流。博士寫着："戰爭 / 使內心的惡魔出現 /（中略）……惡魔激烈抖動着泛紅的毒舌、憤怒的槍 / 以無盡的貪婪和虛榮心 / 意圖吞食人性的一切"。

戶田城聖第二代會長於 1957 年 9 月 8 日，進行了一場"禁止原子彈氫彈試爆宣言"的歷史性演說。戶田先生疾呼："我們世界的民眾，擁有生存的權利。侵犯這種權利的是魔鬼、撒旦和妖怪。"

博士的詩與吾師的呼籲，心靈上是契合的。

和平研究所的工作，是為了奠定引導人們走向幸福的基礎。這樣的工作或許不是轟轟烈烈，但有如波浪一再衝擊陡峭的巖壁般，勤奮不懈地挑戰崇高的目的。我認為這樣的人正是"人間王者"。

德拉尼安 十分溫馨的鼓勵，我非常感動。

❖ 兩個文明史觀——《西方的沒落》與《歷史研究》

池田 我們對談的主題是文明間"開放的對話"。從近日世界的動向來看，我覺得這個課題具有的意義愈來愈深遠。因此，希望博士能暢所欲言。

德拉尼安 好的。這也是我最關心的議題。

池田 一提到"文明"，首先我想到的是史賓格勒 ㉗ 和湯恩比等人的學說，他們俯瞰人類史時，皆提出"文明的興衰"；但兩人的概念卻有很大的不同。

《西方的沒落》作者史賓格勒認為，各個文明之間互不相關，各自完成其自身的體系，只有"從誕生到沒落"的衰退過程是一樣的，而且這個過程將一再地重演。

另一方面，湯恩比博士則認為，各個文明的發展過程不一定反覆着同一形態，正如他在巨著《歷史研究》中提出"挑戰與應戰"的論述般，即使在自然方面具有同樣的條件（挑戰），也會因文明的回應（應戰）而各有不同的結果。

德拉尼安 "文明"一直是深具魅力的主題。史賓格勒和湯恩比博士等人皆提出，文明有如生命體，經歷誕生、青年、壯年、老年、死亡的循環此譬喻性的論述。

此外，以馬克思、韋伯 ㉝、弗洛伊德 ㉞、索羅金 ㉟、諾貝特・艾利亞斯 ㊱ 等思想家和學者為首，許多人類學家都在討論文化和文明是如何出現、發展及衰落，以致於消滅的問題。

❖ 湯恩比的成就值得推崇

池田　我一直對於文明史觀非常關心。湯恩比博士曾邀請我到他位於倫敦的住所，前後深談了約十天；這是二十五年前令人懷念的回憶。對談中，湯恩比博士以人類史上文明的發生和成長為前提，強調"自然環境並非是決定民族創造力強弱的要因，如何回應困難的環境才是創造文明的彈簧。"（《眺望人類新紀元》，天地圖書出版）

德拉尼安　我也拜讀了池田會長與湯恩比博士的對談集，非常受用。

您是如何評價湯恩比博士的功績？

池田　關於湯恩比博士，我以為最值得大書特書的是，他提出了打破以往佔據優勢的"西歐中心史觀"之歷史觀。雖然今日文化人類學等的發展，西歐價值觀之單一主導已瓦解，文化間沒有優劣之分的"文化相對論"已成定論，但我認為，湯恩比博士在某種意義上，可說是開創者。

德拉尼安　我贊成這個看法。

過去由西方人主導的想法是，西洋才是到達"成熟"的文明頂峰，相形之下，其他文化和文明是落後的。時至今日，這是說不通的，其足以誇耀的"先進性"，也不過是近兩個世紀的事情。對於其他的時代，顯而易見，沒有人會贊同這樣的看法。

❖ "西歐中心史觀"的霸權主義思維

池田　如之前的討論，回教世界對歐洲的影響，佔優勢的西方並沒有因此與人類歷史連綿下來，這已是不爭的事實。

德拉尼安　是的。西歐中心史觀的進化主義論調，其僵硬的看法，人類學家愛德華・泰勒 ⑦ 舉出一例："人類的生活，大致可分為'野生、蠻生、講究'三階段。……巴西森林人的野生、紐西蘭人的蠻生、歐洲人的講究。"

此種傲慢遭受嚴厲的挑戰，在二十世紀歐洲引起兩次世界大戰之前，是不曾有過的。西方人在大戰中大量屠殺猶太人、戰後導致東西對立的冷戰結構、核子武器的威脅與環境的破壞……，一切的一切，都證明了西洋先進的"虛構"。

池田　的確，想到誇耀"成熟"之文明的歐洲，所發生的一連串"非人性"風暴與悲劇，不禁令人質疑：究竟甚麼是野蠻？甚麼是進步？然而若因此得出西洋以外的文明更優秀的結論，話題將沒完沒了。

我們應注意的是，只將自身文明視為絕對的心態，所產生的霸權主義思維這危險因子，其實不只西洋，任何文明都有。

德拉尼安　近些年來，愛德華·W·塞德、米歇爾·傅柯 ⑦、諾姆·喬姆斯基 ⑦ 等學者，也喚醒人們對這問題的關注。

他們皆明白指出，霸權主義不是從一個文化所具備的優越性產生的，而是在"尋求優越"中出現的。例如在快速全球化的今日，只論述一個文化的優劣是毫無意義的，人類必須認知，現在已進入以文化間對話和協商為中心之"後霸權主義"時代。

池田　這也是我們此次對話的方向與目標。我更深信惟有這樣，才能開啟確實的和平大道。

❖ 以"寬容"與"共生"為主軸的新地球文明

德拉尼安　在進一步討論之前，我們先整理出"文化"和"文明"的概念。

池田　這兩個語詞，一不留意就會混淆，如何區別並定義"文化"和"文明"，是非常重要的。

德拉尼安　"文化"可說是人類生活形態的展現方式，"文明"則是一邊調整文化形態，一邊導向一定的物質形態、精神形態的一種意圖。換言之，"文明"包含多樣的"文化"，意識性地組織包括法律、科技、經濟、政治結構等諸多因素，是複雜的社會制度。

而"包含"的意思，舉例來說，就是西洋文明包括英國、法國、德國、美國以及其他國家的文化。進而，東洋、西洋、南洋、北洋如此各種文明的參與而逐漸形成的一個世界性的人類文明——"地球文明"，也可作為這個"包含"的例子。在此意義上，"文明"可說是一個有效分析的範疇。

池田 確實，隨着全球化的進展，"地球文明"一詞也逐漸成為事實。然而，卻令人感受到全球化正毫無秩序地進行着，這又在世界的各個角落，製造出新的不穩定因素。

地球一體化的趨勢，已是不可逆轉的發展，正因如此，亟需要有一個能提出該行走方向的正確觀點和哲學。

德拉尼安 是的。不管哪一個文明，有時甚至會在犧牲其他文明中，盡其所能地展現其一定的價值與基準，於是，對於目前逐漸形成的"地球文明"而言，甚麼是理想的基準，我們必須要有某種程度的認識。

為了作為這文明的發展基礎，希望能思考一下，從文化的"自我讚美主義"，轉變成"利他主義"運動。

在思考這個問題的同時，應該先考慮的是，"自我民族中心主義"仍於世界各地橫行的事實。換句話說，幾乎所有現存的文化形態，都是湯恩比博士所說的，只要不受內外的"挑戰"，都會認為自己的文化比其他文化優秀。

如何產生新的且更為優越的價值觀？我認為創價學會

了不起的地方，就是認識了這件事情，並設定了價值。

池田　是的，關鍵就在這裏。

我在 1998 年的"和平倡言"中，以創價學會牧口常三郎初代會長所提倡的"利人也利己"這人道競賽理念為前提，強調從"競爭"轉為"共創價值"的行動規範，也是站在相同的問題意識上。

此行動規範的轉變，不是基於特定價值觀、同質性強烈的世界秩序，也不是失衡的世界秩序的"第三條路"。也就是說，為了開拓以"寬容"與"共生"為主軸之地球文明的道路，這是不可或缺的。

德拉尼安　我深有同感。為了從文化的"自我讚美主義"轉變到"利他主義"，現在正是意識改革的時候。

❖　異文化接觸的歷史——日本與西洋

德拉尼安　讓我們稍為回顧人類的歷史。

對於文化之間的應戰範圍，一般的順序是"排他"→"模仿"→"順應"。接觸到西洋系文化的亞洲系文化，可以說是一個極為明顯的例子。以日本的情況來說，一開始對於西洋的應戰，就如"南蠻"這句具有輕蔑的話語所言，象徵的是全盤的排他。

池田　沒錯。"南蠻"是一個象徵的名詞，不但有侮蔑的意思，也包含着不知對方底細的畏懼感、格格不入的涵意。

耶穌會 ⑧ 的傳教師聖方濟・沙勿略 (St. Francis Xavier) 來到日本，是十六世紀中葉 (1549 年) 的室町時代末期。"南蠻"這個稱呼，是從室町末期到江戶時代所使用的話。

德拉尼安 爾後，對於西洋的入侵，日本採取了鎖國政策 (1639 年)。但是經過兩百年的時光，美國柏利 (Perry) 司令率軍艦來到日本浦賀海面後，再也抵擋不了西洋的軍事力量和文化的掌控，終於在 1854 年簽訂美日和好條約 ⑧。從此以後，日本為了在世界確保優越的地位，選擇了模仿西洋的道路。

透過明治維新，日本確立了這條路線。進入二十世紀以後，更開始模仿西洋的帝國主義與軍國主義。

池田 誠如博士所說，日本為了與世界列強為伍，拚命走向"富國強兵"的道路。為了趕上擴展殖民地的競爭，一天到晚打仗，不斷侵略亞洲鄰近各國。結果是，除了少數同盟國家，竟犯下與全世界為敵的愚行，一直到第二次世界大戰吃了敗戰，才肯罷休。

德拉尼安 戰敗給予日本人的教訓是，必須放棄軍國主義，而且必須向西洋各國學習現代的科學技術，才能復興國家。

在此情況下，出現了像創價學會這樣超越文化壁壘、擴大與世界交流的團體，既遠離了文化的"自我讚美主義"，更推動了走向"利他主義"的運動。在 SGI 重視"對話"的精神中，實現了日蓮佛法普遍性的"非暴力"和"慈悲"的理念。如果說我對日本文化史的認識是正確的，那麼這個範例，也應該適用於其他國家的文化和文明。

池田　博士對於日本文化史的認識，非常正確，也感謝您對於我創價學會和 SGI 深厚的理解。

創價學會所指向的目標，在 1930 年成立時，也就是在戰前，就已經明確建立了。如前述介紹，牧口初代會長在《人生地理學》中，提出人道競賽的理念，是上世紀初（1903年）日本往"富國強兵"道路猛進的時候。創價學會繼承牧口初代會長的理念，以佛法的人本主義為基本方針，一貫地展開和平、文化、教育運動，持續至今。

1995 年制定的"SGI 憲章"，特別增設一項"SGI 尊重各種文化的多樣性，推進文化交流，以構築互相理解與協調的國際社會。"

❖　二十世紀反映人性的兩極

德拉尼安　實在太好了。我認為，全世界應往這個方向前進。

隨着科學技術的發展，人類好像得到空前的繁榮，但如二十世紀幾個例子所顯示的，物質的進步與精神的進步並不相稱。二十世紀是物質文明極為進步的世紀，卻也是有史以來發生流血事件最多的時代。

開發大量破壞武器的同時，殺傷率和命中率也大為提升，但作為解決國際紛爭的手段、在道義上抑制暴力的制度，至今仍未建立。一旦發生戰爭，人就變成了野蠻人，拋棄了成熟的行動準則。

池田 如您所言，二十世紀是這兩極化特別顯著的時代。關於這一點，美國史丹福大學肯尼斯・J・亞羅㊷名譽教授總結說：“二十世紀實現了長壽社會和經濟成長，在民主制度和個人自由的意義上，是‘最好的世紀’，卻也是大大小小各種戰爭和政治屠殺、加速破壞地球環境‘最壞的世紀’。”又說：“二十世紀的兩極化，直接反映出人性的兩極（走向邪惡的傾向，走向良識與穩健的傾向）。”

所以我認為，從道義的觀點來看，人類還有不可勝數的課題必須克服，這也是無可否認的事實。

❖ “同苦”的精神，超越文化與國家的藩籬

德拉尼安 我也有同感。尤其是科學技術的進步與道義的關係，是人類必須嚴肅面對的問題。

我們想像得出，科技進步與道義毫不相稱的國家，將來會成為兩者並進的國家嗎？答案當然是否定的。

特別是我所提出的判斷基準，即從文化的“自我讚美主義”轉移到“利他主義”的基準來思考，將更為清楚。“利他主義”必須具有對他人苦惱“同苦”的心理狀態與價值觀的體系。正因如此，利他的文化絕對不可能把他人作為操作或破滅的對象。

池田 要有“同苦”的心──這是實現與他人共存的關鍵詞。

法國思想家西蒙‧威爾㉞曾說：“民族間自以為是的心態，原本就是排他且不為他國人民所接受的。相對地，憐憫心本是普遍的存在。”威爾從“憐憫心”找到自己的立足點，展望更普遍的人本主義的可能性。其中，有着克服對自身所屬團體的“自負心”，亦即所謂狹隘的“自己人意識”。

德拉尼安 表現這種自負的詞彙，多得不勝枚舉。

像是“白人的責任和義務”、“天命昭彰（美國具有領導整個北美之命運的理論）等語詞，以及所謂“超德國聯邦”、“神國日本”等觀念，都是文化自我標榜最貼切的例子。

反之，“人類超越一切國家”、“地球性思考，地域性行動”等口號，以及“宇宙船地球號”、“蓋亞假説”㉟等全球性的思維，可說是以地球為單位的世界文明已經在萌芽的例子。

池田 佛教也提及超越文化與民族的差異，作為連結的泉源，相通於威爾所説的“同苦”之心的重要性。而發自於“同苦”之心的“慈悲”，正是佛法核心中的核心精神。

德拉尼安 我完全理解。回歸到對於他人之苦的“同苦”心——這樣的人性，實為目前當務之急。為此，必須重新建立一個不是“利己”，而是“利他”的新價值觀。

人對於他人與自然的關係，不能憑一己狹隘的想法來判斷，或把他人當成達到自身慾望的手段。我認為，人類要達到馬丁‧布伯㊲所説的“我與汝”(I-Thou)的關係，亦即不分自他彼此的相互關係，還有一段相當長的道路。

池田　但不能就此死心。即使緩慢，我們還是要走下去。

德拉尼安　一點也不錯。避開這個問題，則無以開啟希望的未來。

❖ 亨廷頓教授的"文明衝突論"

池田　文明間的對立和衝突，真的是不可避免的嗎？在討論冷戰後的國際社會時，這個問題是一大焦點。

　　過去雖然也成為話題，無論結果是好是壞，喚起這個議論的契機，是哈佛大學沙繆爾・亨廷頓教授所發表的論文"文明的衝突"。

德拉尼安　是的。這篇論文引起各方贊成與反對的聲音。

池田　亨廷頓教授在論文中，將結束冷戰的"意識形態對決"之現今世界，分成中華文明、日本文明、印度文明、伊斯蘭文明、西歐文明、俄國東正教會文明、拉丁美洲文明與非洲文明八種，進而預測"文明衝突將左右世界政治"，"文明間的差異導致紛爭"，並以前原南斯拉夫到中亞細亞、中東等"文明邊界"紛爭頻仍的事實作為佐證。

德拉尼安　亨廷頓教授以西洋來對照其他文明之"文明衝突"為主旨，可説殘留着十九世紀的觀念吧。然而在批判缺點之前，我們先來談談其論文的貢獻之處。

　　首先，他論述了國際關係中的文化、文明、價值觀、道義、規範等。第二是提出了對於外交、對外事務問題、削弱了以國家為中心的觀點。

　　亨廷頓教授身處的世代，美國政治學者多屬現實主義者，他們主張在外交行為上，價值觀和道義是沒有作用的。他認為，國內活動需要基於道義上的共識，但國際活動上這種共識是不存在的。

　　借用現實主義派領袖漢斯・摩根索 ⑱ 的話來說，外交政策應實行的，只有一個"引導的明星"，那就是"國家利益"。美國之所以走上韓戰、越戰和波斯灣戰爭的道路，即是依照此理論。

池田　若是以國家利益至上，不考慮國際社會道義的話，那麼戰爭也不過是外交政策中的一項選擇。因此，國家經常會被誘惑走上戰爭之路；國家利益至上主義的陷阱，即在於此。

　　而亨廷頓教授，則不全然是站在國家利益至上的立場。

德拉尼安　是的。在此種意義上，亨廷頓教授可說是"修正主義者"。我之所以說他是現實主義者，是因為他承認國際關係上的文化、文明、價值觀、道義和規範的重要性。

　　但是他的主張，結果卻轉到地政學與現實主義這傳統性的方向。漠視世界文化的多樣性，連結部分地域和部分文明，認為西洋與其他文明是明顯不同的文明。亨廷頓教授並沒有提出充分的理由，只是單純地認為西洋比較優越，因此西洋具有將世界其他地區"文明化"的使命是理所當然的。他的分析非常微妙，時而露骨地有所暗示。

其中，他認為中國與伊斯蘭的合作，對於西洋的價值觀而言，具有特別的威脅性，因此必須予以阻止。

池田 不容否認的是冷戰後的國際社會，宛如把過去所有矛盾一口氣爆發出來一樣，地域紛爭一再地發生。因不景氣造成經濟對立等問題日趨嚴重，出現了新的衝突火苗。姑且不論內容如何，其論文之所以具有衝擊性，實有背後的意義。

但若只是單純地以"文明衝突"的論點，就想掌握這錯綜複雜的因素所造成的問題，實在令人存疑。這當中，無非潛藏着"文明不同，對立無法避免"的看法，有着已成定局的危險性。

展望未來，我們現今的行動將產生莫大的影響。所以，我以為實在有必要好好地思考。

❖ 使"人權"成為普世價值

德拉尼安 我完全贊同。亨廷頓教授的主張，可說是將那種人們容易陷入的文化"自我讚美主義"，以新的方式表達出來。

對此看法，可從三個層面來批判。第一是思想的層面，第二是實際的層面，第三是現實的層面。關於文化的"自我讚美主義"，不論是哪一種都會產生偏狹的歧視。對以"文化間的對話"為前提，要走向文明全球化的我們來説，這種偏狹是違反時代潮流的。

我認為在各種價值觀中，對於人權，不應以文化的不同為理由而視為例外。"世界人權宣言"及其附帶的宣言中所提及的人權，應適用於所有的人們。視文明等同地理上的領土，或在各文明間不着痕跡地以自己的價值觀為優先，是把問題過度單純化了。

池田　是的。不過人類應作為共有理念的"人權"，與其説是外在的規範，不如説應徹底探究生命，才能得到平等觀與尊嚴觀，亦即"內面的普遍性"。

1993 年於維也納召開的世界人權會議⑧上，先進國家與發展中國家對於人權的界定，有非常強烈的對立，但成為會議焦點的"人權的普遍性"這主題，我認為有重新檢討的必要。否則，要從平行線上的人權論戰中真正解脱出來，實在很困難。

德拉尼安　我很能理解您的意思。

回顧歷史便可得知，始於《法華經》、《漢穆拉比法典》⑧、《十戒》⑧以至《大憲章》⑨、《美國獨立宣言》與《世界人權宣言》，其實人權論不僅在西洋，早已成為文化間的協議和共識的一部分，這是大家應該明白的事。

基於此意義，任何國家與任何文明，都不能擅自獨佔人權思想，這是我要附帶強調的。

池田　確實如此。要讓他人肯定自己文化的先見性與優越性，與其大聲疾呼人權思想，不如開誠佈公對話、互相合作，以實現尊重人權的時代為目標，才是人類應該前進的方向。

❖ 不可或缺的"實際"與"現實"的基本立場

德拉尼安　我也這麼想。第二，在實際方面，亨廷頓教授的分析有很大的缺陷。

確實，民族文化與地域文明，目前也是一項有效分析的範疇，但因地球規模的世界市場、移動性以及電腦通訊的迅速化，廣泛地產生"文化混種"的狀況。然而亨廷頓教授卻在"文明純粹性"的包裝下，意圖使民族的"純種性"這十九世紀的觀念復活；而這種純粹性，目前只存在於民族主義者的思維中。

池田　日本也有許多人在沒有充分了解史實的情況下，執意認為日本是"單一民族的國家"，其實有這種想法的不只是日本。當然，嚴格來說，這種想法本來就是"虛構"的。

德拉尼安　是的。今日幾乎所有的國家，都是"混種的文化"，此傾向正在加速進行中。因此，談到傳統的文化和文明，透過與文化間的對話、合作、借用和順應，如何使自身蘇生，會比論述文明的純粹性更合乎現況。實際上，亨廷頓教授在八個文明周邊所畫的"邊界線"，是模糊且任意的。

池田　的確，亨廷頓教授的分類，有些"為分類而分類"的味道。他所提到的八個文明，許多學者都認為有概念上的含糊與妥當性的問題。

德拉尼安　最後談到現實的層面。

　　冷戰後的世界情勢，在認清國際紛爭與國際合作的情況下，證明亨廷頓教授的主張是不正確的。冷戰後進展的分裂過程中，民族主義抬頭的趨勢，是無法以粗糙的文明論調來說明的。

　　如果把在波斯尼亞、高加索、波斯灣、以色列和巴勒斯坦、朝鮮半島、非洲的紛爭，當作文明間的紛爭來看的話，更無法釐清問題。

池田　我所擔心的，也是將地區紛爭單純化的這種隨意的態度。

　　甚麼都牽連到"文明"的這種態度，不但看不出對立的真正原因，甚至於令人產生不必要的誤解和想法。這樣陳腔濫調所擴散出來的"禍害"，會在人們心中超乎想像地根深蒂固。

德拉尼安　一點也不錯。例如波斯尼亞的紛爭，是羅馬天主教徒的克羅埃西亞人、塞爾維亞東正教會教徒的塞爾維亞人、回教徒的波斯尼亞人此三個民族，因派系不同而導致的政治紛爭。

　　若是從民族和文化的角度來看，這三個民族都屬斯拉夫系。在歷史上，被挾在羅馬帝國、奧斯曼帝國、奧地利匈牙利帝國、德意志帝國中間，以巴爾幹半島之帝國主義的對立為理由而分裂，可說是民族的堂兄弟至今仍在鬩牆。

池田　有識人士 H·M· 安森柏格 ⑨ 將現代定位為 "從冷戰到內戰"。波斯尼亞紛爭在此意義上，與其說是文明的對立，不如說是近乎內戰。

德拉尼安　是的。高加索的紛爭是阿塞拜疆和亞美尼亞，喬治亞和阿布哈茲（自治共和國），俄國與車臣之間的紛爭。這些紛爭與其說是文化間的紛爭，不如說是民族主義的抬頭，以及有領土權主張的對立。

　　與此關聯的是，回教的伊朗與資本主義化的俄國，支持着基督教的亞美尼亞。另一方面，世俗的美國與土耳其支持阿塞拜疆。換句話說，對立的主要原因，是裏海的石油資源，而不是文明間的衝突。

池田　我十分了解。近年來的紛爭，不管是直接或間接，都與經濟利益有關，無視這個層面則無法進行討論。尤其是石油資源，是左右國際社會的一個重要因素，產油國的優勢並沒有消失。

❖ 每個地域有不同的對立原因

德拉尼安　波斯灣地區的紛爭，也可說是伊朗、伊拉克、科威特、土耳其各國與庫爾德斯坦（庫德人居住地）爭執國家主義的對立，同時也是為了該地區石油資源的利益爭奪與國家主義者迷失的對立。

因此，在波斯灣戰爭中，信仰基督教的西方各國為了與薩達姆・海珊（伊拉克總統）對峙，便聯合遵守回教基本主義的沙地阿拉伯和科威特。這是超越文明的結合。西方的傳媒，常把阿拉伯與以色列的紛爭，當作是宗教間的紛爭，或解釋成文化間的紛爭……。

其實細究歷史，就能明白阿拉伯與以色列的紛爭，是基於可疑的宗教正當化，各自主張同一土地的所有權，爭執國家主義的對立。

此外，朝鮮半島的對立，是同一民族的南韓和北韓，因不同社會體制的對立，在冷戰結束後仍持續的狀態。而非洲，各種部族間的紛爭皆有歷史性，至今仍繼續着，這些紛爭主要來自部族主義。這些紛爭當然也有因美蘇兩大國的利害關係，尤其是在冷戰中受到隨意操控的一面。

池田　所以，將亨廷頓教授的理論，毫無分別地套用在世界各地的紛爭上，是不符合現實情況的。

地域紛爭混雜着各個不同的歷史、政治、經濟、文化等因素，到底哪一個是主因，哪一個是次要因素，其實有極大的不同。

德拉尼安　的確是這樣。不過除此之外，還有一個問題，那就是亨廷頓教授的論點，為何備受世界注目？

池田　我認為，比起亨廷頓教授論文的內容，國際社會的高度關注，證明了這個問題的嚴重性。

❖ “文明衝突論”煽動對立

德拉尼安 在此，我想舉出兩個理由。

第一是一直以來的偏見之深，斬也斬不斷，也就是民族多樣性為其特徵的美國、俄國、伊朗、伊拉克等國家的政治體制，有時需要外敵來加強國民的團結。正因如此，當看不見外敵的時候，總有新假想敵人的傾向。

亨廷頓教授的論文，對於欲製造東方與西方敵對的人們而言，實在提供了非常方便和理直氣壯的理論。結果，亨廷頓教授的見解在美國自不在話下，諷刺的是，連中國和伊斯蘭各國極端的政治學者，也有人支持這個論點。

池田 亨廷頓教授的理論，成為採取排他性與攻擊性立場的人們，用在煽動各團體間對立的最好說詞。這是最大的悲劇。

從前您說過：“亨廷頓解釋問題的方法，只是將舊時代的威脅復活而已。”“如果需要可憎的敵人，任何形式的敵人都可以製造。但如果以這樣的方法來製造敵人，像美國這個多民族、多宗教的社會，依照‘對立的文明’這忠誠的框框，令有分化的危險性。”

德拉尼安 是的。亨廷頓教授的論文受到注目的另一理由，是他的理論得到部分美國外交政策的好評。於是世界其他各國，也就開始注目美國外交政策訂立者們的這種戰略思維。

幸好，美國國內有不少有識之士，對於亨廷頓教授的學說以及對於中國和伊斯蘭各國具有好戰意味的言論，提出警告的良識之聲。

池田　我非常了解。為了避免"文明的對決"，只有耐心而且大力地進行"文明間的對話"；這關係二十一世紀人類的命運。

第 八 章

精神的 "內發性"
——照耀人類的普遍光芒

❖ 改革的動力是文明的生命

德拉尼安　我擔任所長的戶田紀念國際和平研究所，自創立以來，託您的福，得到許多人士的理解與支持。

池田　1998 年 12 月，據說博士居住的夏威夷地方報紙《火奴魯魯週刊》，對於戶田和平研究所的活動有大篇幅的報導。多民族共存的夏威夷，人們有着很高的和平意識。

德拉尼安　是的。三個跨版的專輯介紹，引起的迴響之大，出乎我們的意料。

　　他們報導的標題是"地球的和平——戶田研究所扮演引領世人走向此共同基礎的角色"。如標題所示，最近盼望世界和平的人們，都步向共同的方向，逐漸形成一大趨勢。

池田　是啊。如前所述，聯合國大會將 2001 年訂為"文明對話年"，並決定自 2001 年至 2010 年，訂為"為全球孩童和平文化年"。

　　由於二十世紀一再重演暴力與殺戮，所以能感受到國際社會殷切盼望二十一世紀成為"和平與非暴力的世紀"。

德拉尼安　二十一世紀的文明，要以甚麼"價值"和"哲學"為基礎，人類的未來藍圖將有完全不同的呈現。

池田　完全正確。希望透過此次對話，能找出可行方向的光源。讓我們再來談談"文明"的本質。

德拉尼安　這是與之前所談"文明"有關的問題。我認為，文明或多或少與"存在論"(ontology)、"認識論"

（epistemology）和“人類行動學”（praxiology），是一貫延續的體系。

“存在論”是對生命的開始與終結的認識。“認識論”則是關於知識與學問的理論。而“人類行動學”是行動的規範。在文明方面，這三個因素以某種形態，形成了一種靈活的關係。

基於此意，雖然文明間有一定的差異是理所當然，但我的立場，絕對不是認同所有將文明或文化排分優劣的文明觀。

池田　我了解。剛才您所說的“存在論”，也就是要如何認識生命的開始與終結的問題，是非常重要的。

德拉尼安　當然，順着事先設定的目標前進，亦即在物質層面與道德層面上進步，進而導出一種類型論是可能的。但我以為，文化和文明都是人類在順應一切有限、無常的普遍狀況下，想要去改革、超越的想像力所產生出來的。

任何的文化與文明，皆以獨特的形態給予該文化或文明的人們，超越自我之道、不屈不撓之精神及抵抗外力的力量。

池田　在超越有限的自我想像，以及從中產生的改革動力，存在着文化或文明的生命——我非常贊同這個見解。

德拉尼安　每一個文化與文明，在本身獨特的生態與歷史上，皆面對“生的神秘”。因此，對於各自不同之處，應視為人類天賦的多樣性表現，而予以充分尊重和讚美才對。

一味談論文明層次的高低，將會錯失人類歷史中最重要的多樣性價值，而這也是文化"自我讚美主義"的顯露。

池田 我完全贊同。不是因為彼此的不同造成對立，而是自以為優越的傲慢，才是形成對立的真正原因。

為此，我們必須重新檢視"文明的衝突"與"文明的共存"的二者擇一的思維。因為，即使實現了"共存"，若只是單純地並排的關係，對人類不一定有幫助。

❖ "開放的對話"將產生文明間的創造性關係

德拉尼安 我與您的見解完全一致。人的思維，往往容易陷入二分法，光與暗、善與惡、黑與白等兩極觀，作為認識世界的方法，的確是簡單明白，但不夠細膩。

生命是極為複雜的。光與暗、善與惡、黑與白之間也有不同的階段與層次。為了認識其微妙的色澤和意義，需要有更富彈性的思維框架。

中國哲學的"陰陽"㉒思想，告訴我們要跳離二分法的道路。不是"兩者之一"，而是可以從雙方的觀點，思考事物的方向。它告訴我們：光與暗、善與惡、黑與白、生與死的普遍依存性。問題不在於如何劃分區別，而是要如何地保持和諧。

池田 不僅是"陰陽"，東方思想中能看到與西方二元論不同的世界觀。佛法也說"善惡一如"，這並非只是論述善與惡的相互依存性，而是將重點放在如何超越"可為善亦可為惡"的人類現象。

文明的相互接觸，並非不好，問題在於會產生怎樣的結果。哲學家卡爾・波柏⑨說，不同文明的接觸可能產生的危險，無疑是很高，但同時也能成為文化創造性的泉源。

事實上，回顧歷史，藉由絲路之中國文明與印度文明的關係、地中海希臘文明與回教文明的關係等，因為接觸而開出多采多姿的文化之花，成為創造新價值觀的契機，這種例子不在少數。

德拉尼安　您說得對。文明與文明之間的接觸，不只有破壞的關係，也有創造的關係，可以說兩者皆具。

池田　我認為，能否將不同文明的接觸所產生的能量，真正運用於創造性的方向，完全要看雙方的努力和對話。

根據卡爾・波柏的論點，在多種文化的接觸中，人們領悟到長期以來自以為理所當然的生活方式和習慣，既不是神的命令，也不是人性的一部分，這就是歷史。人類史可說是在得知自己所屬的文化或文明，絕不是唯一至上的情況下所發展出來的。

在與不同文明的接觸中，能透過其他文明的框架，冷靜地看清楚自己的存在與立足的基礎。基於此意，"不同"的差異也是一種好的刺激，這種地球規模的接觸中不斷累積，新的文明展望就能由此打開。

德拉尼安　正是，進行"文明間的對話"意義就在這裏。

柏拉圖在對話篇提到，所謂真理，是透過深思熟慮的對話，經由意見的對立與收斂而尋求得來的。黑格爾及馬克思的辯證法也認為從命題與反命題，正、反的統合以至綜合，才是進步和目的。

池田 敵乎？友乎？這種片面的二分法，不僅不正確，也會在人們心中種下偏見的苗種，是極度危險的事。

在迎接資訊化社會的現代，對於不同的文化和文明，總是有着先入為主的印象，時而被扭曲、誤解，真相無法被正確地傳達出來，影響甚巨。因此強烈需要的是人們直接見面的"對話"，以及互相理解彼此的文明和文化，這樣慎重而謙虛的態度。

德拉尼安 我也有同感。其實，我們在認識事物時，通常是空間的三維（高、橫、深度）再加上時間，不過四維空間而已。可是物理學的"弦理論"（String Theory），在數學上已發展到六維空間。此外，理論物理學家郭道雄（紐約市立大學教授）在其著作《超空間》（Hyperspace），對實體的認識則達到了十維空間。

由於我們受四維空間的限制，故此無法發覺其他空間的存在。所以，在認識事物上，"謙虛"應該是最聰明的態度。

池田 是的。以謙虛而又廣闊之心進行的"文明間對話"，將會是超越對立，躍上更高次元的關鍵。我所提倡的不是"衝突"也不是"並存"，而是"第三條路"，亦即"文明間對話"之共存共榮，就是這個道理。

❖ "彌蘭陀王的提問"是現代世界的啟示

池田 在此,我想舉出歷史上的例子來作一回顧。

一提到"文明間對話",我立即想到的是《彌蘭陀王的提問》(*The Questions of King Milinda*,彌蘭陀王問經)這本著名的佛教古經典,收錄了大約兩千一百年前統治印度西北部的希臘人彌蘭陀王與佛教僧侶那先比丘的"對話"。

當時,是以亞歷山大大王的遠征為契機,東西文明(印度文明和希臘文明)相遇,互相觸發的時代。

德拉尼安 這個對話,可說是西洋的理性與東洋的睿智之靈魂的交流,是極為著名的。

池田 是的。值得一提的是,代表東西文明的兩個人的對話,內容自不在話下,更重要的是,兩人不是"王者之論",而是貫徹了"賢者之論"。

開始對話之前,佛教僧那先比丘向彌蘭陀王這麼說:"大王!如果您要以賢者之論來對談的話,我就與您討論。但是,大王!如果您要以王者之論來談話,我將不與您討論。"

於是彌蘭陀王問了"賢者之論"與"王者之論"的差別。

那先比丘回答:"賢者的討論會有解釋、解說、批判、修正、區別等,雖然區別得很細,但賢者不會因此而生氣。""但是大王!實際上各種王者的討論,只主張一件事情。如果有人不服從這件事,王者便會說:'處罰這個人',

並下命令處罰。"

　　彌蘭陀王非常清楚那先比丘話中的含意。於是，兩人展開了深長又饒富意義的"對話"。

德拉尼安　在這個小故事中，蘊含了適用於現代的重要觀點。相對於仰賴力量的"王者之論"，"賢者之論"仰賴的則是對話。

　　顯示"力量"與"對話"這兩極本質的"彌蘭陀王的提問"，在其他文化傳統裏，也有類似的例子。"力量"可由刀槍取得，但即使是君王，為了建立更為永續的統治，也必須使用"對話"。

　　關於這一點，柏拉圖、亞里斯多德、尼札姆·穆爾克 ⑨、法拉比 ⑨、伊本·魯雪特 (Ibn-Rushd)、馬基維利 ⑨、霍布士 ⑨、洛克 ⑨、盧梭 ⑨ 等政治哲學家皆有論述。

池田　遺憾的是，這樣的想法至今仍未受重視。

　　我覺得，那先比丘以象徵性言語所說的"賢者之論"，展現了超越時代的普遍性對談要件，亦即"理性而有結果"的對話基本，同時也是自釋尊以來佛教信仰者以"平等而且自由"的對話為根本的態度。

　　不是以力量的來強行壓制，惟有以"賢者的對話"打開道路——遠在二千多年前，希臘與印度的先哲，展現出輝耀在人類史上的偉大典範，正是這個"彌蘭陀王的提問"。

❖ 自由平等的言論社會才有民主主義的發展空間

德拉尼安 思考"彌蘭陀王的提問"的現代意義，給予我們啟示的是德國哲學家和社會學家尤根·哈貝馬 [100] 所主張的"溝通理性"。作為發展民主主義的基礎，他非常重視這個道理，並將它與"實踐理性"、"工具理性"、"批判理性"做出分別。

"實踐理性"在各個文化傳統中，被稱作為所謂"常識"。但這個道理，卻不具有普遍性，因為某個文化的常識，對其他文化而言可能是沒有常識，這在現實中是真正存在的。

舉一個簡單的例子，在西歐，於餐廳或酒店接受服務時，給小費是一種常識，但在日本，如果這麼做會被認為沒有常識。對西歐資本主義國家來說，服務與商品一樣，消費者必須支付相對的代價。可是在日本，服務是一種禮遇，給小費反而是貶低無法以金錢衡量的價值。

這兩個相反的"實踐理性"，在各自的文化狀況中，皆有它的道理。

池田 換句話說，"實踐理性"的道理，只適用於某個特定的團體。

德拉尼安 是的。

第二的"工具理性"，比"實踐理性"更具普遍性，是對於一件事或目的應如何實踐才最有效率，根據合理的計算而進行的道理。例如科學技術等，可說是"工具理性"的手段。由此看來，包括社會與個人的全世界，都是為了達到特定目的之操作的對象。

第三"批判理性"，則是首先建構一定的規範想法，並以相較此規範的方式，批判目前的情況。換言之，先提出一個理想的道德和意識形態，再從這個理想的世界觀，批判現實世界的狀況。

池田　視自己建構的理論和模式為絕對，並以此不斷批判現實的不符合，這種例子在現代多的是。二十世紀特別受制於意識形態的魔咒，發生了許多悲劇，與希臘神話"普羅克路斯特斯鐵床（*Pnocrustean Bed*）"的寓言不謀而合。

這位希臘傳說中的強盜，把旅行者攔截拉到自己的床上，並將之綁在床上，然後依床的大小，若旅行者的身高不夠長則拉長，過高則砍掉腳或頭。同樣地，人所產生出來的意識形態或理論，反而規範了人們，使人與社會荒廢，甚至成為扼殺人與社會的"兇器"。

德拉尼安　我們絕不能容許這樣可惡的悲劇再度發生。

相對於"批判理性"，哈貝馬斯所說的"溝通道理"，並不會一開始就建立束縛現狀的理想。可以說，他希望透過這道理，建構"理想言論社群"（ideal speech community），這個社群並非憑藉力量的強制性，而是在意思溝通的方法上確立平等性，使參與對話的一切成員，都能運用於溝通的社會。

當然，現實的世界並沒有如此理想的社會，但是我們可以透過尊重表達意見的自由與平等，漸漸形成這樣的社會。事實上，我們兩人超越空間和文化的壁壘，進行對話本身，就是相通於"彌蘭陀王的提問"中的"賢者之論"，以及哈貝馬斯所說的"溝通道理"。

池田 哈貝馬斯說："誠懇的談話者，因自身認為的言談，對於自己所承受的結果，負有扛起責任的義務。"如博士所言，彼此持有"誠懇"和"開放的態度"，是進行真正對話不可或缺的要素。基於此意義，可以肯定哈貝馬斯為實現"不受限制的討論"所提出的意見，是從根本重新評估了將溝通視為一種戰略手段的想法的論點。

❖ 結合文明的"對話詩人"

池田 我認為，除了"賢者之論"的精神外，為了獲得有結果的對話，不可或缺的是擁有超越彼此文化背景差異的"普遍性"眼光。

接下來，我想把對談的焦點，放在與薩迪、哈菲茲 ⑩ 齊名的"波斯三大詩人"的魯密。

結合文明的"對話詩人"魯密，活躍於十三世紀，與日本鎌倉時代的日蓮大聖人大約同一時期。當時是蒙古意圖擴大領土，稱霸世界的時代。

十三世紀的亞細亞世界

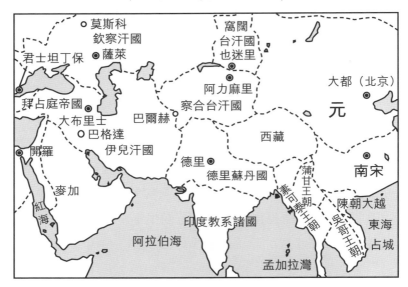

德拉尼安　那是西亞細亞和中亞細亞大混亂的時期。蒙古
的侵略，撼動了舊有的世界，1258 年結束了巴格達的阿拔
斯王哈里發帝國（Caliphate）。同一時期，轟夏布（Neishapur）
等人口超過一百萬的都市也消滅了。人自不用說，一切生
物都被殺盡，歷史家記載連貓、狗都無法倖免。

　　在這樣悲慘的狀況下，人人簡直活不下去了，皆陷於
絕望深淵。

池田　大詩人魯密出生於這大動亂的時代，即現今阿富汗
北部、巴爾赫（Balkh）城鎮的學者家庭。

德拉尼安　是的。魯密出身於伊斯蘭傑出法學家輩出的家

族，他的父親也是巴爾赫的"學者之王"。

魯密有一首詩："即使有許多印度人，（語言通，但心靈不通）他們依舊是他人。即使有很多印度人和土耳其人，他們可以互相溝通（語言不通，但心靈相通）。重要的是'心靈的言語'，而非'舌頭上的言語'。"

池田 在動亂的時代，魯密隨着父母遷居波斯、伊拉克、阿拉伯、敍利亞各地，最後定居於小亞細亞（今土耳其）的哥尼亞（Konya）。我覺得在他的詩中，凝聚了長途旅程所孕育的經驗和智慧。

德拉尼安 剛才會長説魯密是"結合文明的'對話詩人'"，單看魯密的詩，就可以證明這着眼點是非常正確的。魯密結合了不同地方所誕生的文化遺產，亦即佛陀（釋尊）的教義和伊斯蘭的教義，扮演了結合這兩個文明之橋樑的角色。

在談論魯密之前，我想先提一下他的生長之地，中亞細亞的地域性質。

❖ "文明的十字路"中亞細亞

德拉尼安 魯密出生之地巴爾赫，原本是波斯帝國的領土，公元前 328 年臣服於亞歷山大大王。但公元前 256 年，巴爾赫宣佈獨立，成為希臘人所熟悉的強大國家"大夏"⑩，其征服的版圖甚至深入到印度北部。這個結果，使巴爾赫接觸了印度教和佛教。

後來位於中亞細亞的貴霜（Kushana）王朝興隆，提供了佛教發展非常好的環境。佛教最初就是由中亞細亞傳入中國的。佛教從印度進入中國，則是與耶穌基督同一個時期。

池田　創價大學的絲路學術調查團，1989 年、1991 年與1993 年，分別與中亞細亞的烏茲別克進行了三次學術交流，並共同發掘出絲路要衝地帶的遺跡，並發現了當時的都城和村落的遺址。創價大學學術調查團所調查的 "達爾維爾真巴（Dalvarzintepa）遺跡"，據說也是貴霜王朝具有代表性的都城。

貴霜王朝時代（盛期為公元一世紀至三世紀），大乘佛教在印度興盛，同時也是以興隆 "健馱羅"（Gandhara）藝術而馳名。

最盛時期的迦膩色迦王（King Kanishka），非常保護佛教，並進行第四次的佛經結集。這時，龍樹、馬鳴⑩ 等大乘學者非常活躍。

德拉尼安　我看過創價大學調查團發行的《南烏茲別克遺跡》一書，其中提及佛教的傳播，必須要理解中亞細亞如何成為文化交流和交易的十字路口，實需要了解這種歷史的背景。

那是東西方往來的商人經過絲路，交換物資的時代，另一方面，也是學者們互相傳遞宗教和政治的思想與智慧。

池田　傳到東方中國而繁榮的佛教美術，也受到健馱羅美術的影響，此事可從敦煌千佛洞等許多佛像和繪畫中看得出來。而這又傳到日本，並給予佛教很大的影響。有人說，如果沒有迦膩色迦王對於佛教的保護，並使之興隆，佛教要醞釀成為世界宗教，可能會更晚。

所以，迦膩色迦王在佛教史上的功勞，是非常之大的。

德拉尼安　我也曾於 1971 年訪問阿富汗、1992 年和 1994 年訪問中亞細亞，看到了古代文化交流的遺產。

池田　對了，我們第一次在東京的會談（1992 年 7 月），似乎正好是您要前往絲路的途中。

德拉尼安　是的。1971 年訪問當地時，我在阿富汗和舊蘇聯國境的阿姆河（Amu Darya）岸邊，看到了希臘時代都市國家的遺跡。在那裏，基石、椿木、幾何學模樣的壺等被挖掘出來。

在喀布爾（阿富汗首都）郊外幾英里地方的巴米揚（Bamiyan）石窟，我看到了雕刻在周圍山脈的雄偉佛像。最大的雕像，據說有五十三公尺高。佛像的後面有僧房窟。有一個時期，這裏是亞洲各地佛教信徒前來參拜的聚集場所。

在喀布爾博物館，我看到了融合希臘特徵與佛教特徵，樣式奇特的雕像和裝飾的圖樣。遺憾的是，博物館因內戰受到破壞。據說因為遭受塔利班武裝勢力的襲擊，巨大的佛像受到很大的損壞。

❖ 多樣性的深處有着人性的普遍之光

池田　另一方面，中亞細亞與伊斯蘭，也孕育出深厚的關係。

德拉尼安　是的。回教於七世紀傳到中亞細亞時，那裏已存在着各種傳統，如印度教、佛教、道教、希臘思想、伊朗思想（拜火教、拜日教、馬尼教、馬茲達克教）。回教對於這些文化傳統，終究不得不締結對話關係。

　　再者，回教在已經非常豐饒的文化上，完成了自身宗教和文化上的貢獻。

池田　伊斯蘭神秘主義，是不是也受到這些文化和文明的影響呢？

德拉尼安　是的。伊斯蘭神秘主義的教義，雖是使用回教的比喻和象徵，但其內容完全是普遍性和多文化性的。這種綜合作用的着眼點，注重的是法的精神更勝於法的條文、道（Tariqa）更勝於伊斯蘭法（Sharia）、心理更勝於理智、內心真理更勝於外在或儀式、真誠的禮拜更勝於偶像、存在的統合更勝於生的不同。

　　伊斯蘭神秘主義的教義頗似道教，例如道教是以道為志向，以詩歌為傳道的手段。

池田　詩人魯密曾寫下 "有十盞燈，放在同一地方。雖然（燈的）外形皆不相同，但細看其光亮，哪些光是哪一盞的，無法分辨。（同樣地）在精神領域，也毫無分隔。在那裏，沒有任何個別的存在。"

誠如構思着人類合一的魯密所強調，即使有一百個國家、一千個民族，其多樣性的深處裏，必有"人性"這普遍的光亮。在人們內心點燃這個光亮、匯合這個光亮，正是今日最為需要的事情，而且這才是發揚民族、文化、傳統之多樣性的真正大道。

德拉尼安　我認同！現代在某種意義上，與十三世紀的西亞細亞和中亞細亞類似。換句話說，科學技術的大幅進步，為社會帶來不斷的變化，但另一方面，無限的慾望則支配着人心。

　　由此而產生的不安和擔心，在官僚化日盛的社會中，生存的匿名化與抽象化結合，使每一個人在精神上變成了"浮萍"。

池田　針對現代人的這種狀況，捷克哲人政治家哈維爾 ⑭ 總統指出"無法做自己主人"的危機。

德拉尼安　可以說現今是既沒有信仰、沒有真正的共同體，也沒有確實指針的年代，毫無意義的世界正在擴大。身處這種情況下，全世界探求人生意義的智者，眺望自己有限的文化之地平線的另一端，希望在其他文化和文明當中，找出打破困局的答案。

　　正因如此，我看到繼承大乘佛教思想的 SGI，於世界各地的發展，以及回教在非洲、美國，基督教在舊蘇聯各地與中國，皆有發展。不管到世界哪一個地方，我都深刻感受到大家在尋求能夠克服排他的民族主義、自我民族中心主義和文化自我讚美主義的普遍性。

❖ 大宇宙——"共生"的秩序感

池田 對於這時代的志向，我於 1994 年在莫斯科大學發表演説"人——偉大的宇宙"，曾強調"《法華經》以譬喻説示，在每個人的'衣服內裏'，都可以發現同樣的寶珠，也就是'佛性'此尊嚴的普遍生命。"

透過這樣的認識，所有屬於不同文化、民族、文明的人，都將能達到宇宙性的自我認識。在此浮現出來的"普遍性"，是一種人與自然與宇宙共存，小宇宙與大宇宙融合為一體之"共生"的秩序感，若能在生命中充實這美麗的"普遍性"，即使隸屬不同的團體，對話和互相理解都是可預期的。

德拉尼安 真是非常富有啟示的哲學。

現代為了回應人們的精神希求，逐漸出現新的"神話"，即猶太教所説的"選民"，或原本為美國擴張領土正當化的"自明的命運"，或是源自吉卜林⑩的詩"（應指導有色人種來發展國家的）白人的責任和義務"的舊神話，已被新登場的神話取而代之。

尤其是以地球為一體的"凱亞"神話，可説是為了共同保護母親般的地球、團結諸民族與諸部族之強有力的普遍性神話。如此創造出來的神話，將超越彼此的差異，形成一切文明的基礎。相反地，信奉特定人種或民族之優越性的信仰，讓帝國主義抬頭，將引起多次的戰爭，帶來破壞。

池田 我也認為，今日在世界各地頻頻發生的民族問題，就是因為在其深處，有着這樣的封閉性。

於莫斯科大學的演講中，我也提到了托爾斯泰 ⑩ 在《安娜·卡列尼娜》的一段話，彷彿是要澆熄在塞爾維亞戰爭時所燃起、不惜犧牲自我的民族狂熱般，書中人物列維恩（Levin）說："可是，不單只是犧牲，不是也要殺死土耳其人嗎？"

正如簡單扼要的台詞所示，瘋狂的民族狂熱中，隱藏着能對其他團體毫不在乎地做出違反人性行為的"魔性"，列維恩同時在內心感覺到"神性的顯現"而自問："其他的猶太教徒、回教徒、儒教徒、佛教徒，他們是否被剝奪了這個最善的幸福？"列維恩的感受，無異是一種內發的啟示。因此他思考，這種幸福只限於基督教徒嗎？異教徒將會如何？

我認為，托爾斯泰寫出列維恩的質疑，正是一種重新凝視內在自我，欲在普遍性中創造新的內發力量。

德拉尼安 在此有着克服宗教教條主義的鑰匙。

受到教條主義咒縛的宗教，在歷史上帶給人們無數的悲劇。

池田 "內發性"可以説是自古以來，成為人格價值的中樞，產生對話要件之謙虛和寬容性的來源。

因為不重視"內發性"，所以宗教史上盡是獨善與傲慢橫行，不斷重複着人們"為了宗教"而互相傷害、互相屠殺的錯亂。不應該是"為了宗教"，一切的根本權在於"為了人"這一點上——SGI 所指向的"人間革命"(human revolution) 運動，就是要匡正這歷史的錯亂，作為創造光輝的地球文明的方法，我們從每一個人的生命層次進行改革作為第一要務。

德拉尼安　實在是太好了。我認為，為了對抗戰爭、無知與不公，以結合世界、連結人們，人人都胸懷"凱亞"神話般如此基軸的時候，已經到來了。

把"宇宙船地球號"當作是超越文明間和平與友好的共同旅程的交通工具，這樣的"地球文明"，正如會長所主張的，必須是以每一個人的"人間革命"作為主軸地去創造才是。

第　九　章

人類的安全保障
——邁向無核武器的世界

❖ 創立戶田和平研究所的目的

池田 2000 年是發表"禁止原子彈氫彈試爆宣言"⑩、"地球民族主義"⑩等卓越和平思想之恩師——戶田第二代會長的百年誕辰。戶田和平研究所同時也舉辦了紀念的國際會議。

德拉尼安 是的。那年 2 月在沖繩，以"文明間的對話——為了第三個千年之新的和平挑戰"為題，舉行了國際會議。

自 1996 年 2 月成立以來，我們以"HUGG (Human Security and Global Governance 人類的安全保障與地球社會的運作)"為主題推動研究計劃，在夏威夷、英國 (1997 年)、南非、澳洲 (1998 年) 相繼舉辦國際會議，1999 年 3 月在土耳其舉行"波斯灣區安全保障論壇"，10 月在德國柏林也舉行了會議。

於沖繩舉辦的國際會議，是以這一連串的會議成果為前提所整合的會議。

池田 我再次對於博士捨身般的努力，表示感謝。

德拉尼安 能獲得參與具崇高目的之研究所的機會，是我無上的光榮。再怎麼說，戶田和平研究所的資產，是存在於牧口、戶田、池田三代會長所傳承下來的和平、人道思想與行動之中。

牧口會長所提倡的"人道競賽"的觀點，以及戶田會長的"禁止原子彈氫彈試爆宣言"與"地球民族主義"的思想，進而將這些化為事實、推上時代潮流的池田會長"世界性對話"的行動……。以如此偉大的師弟，一以貫之的全球性和平哲學為基礎，我相信戶田和平研究所在二十一世紀所需的"地球公民社會"之建設上，必能肩負起重要的角色。

戶田和平研究所以"文明間的對話"為宗旨，國際會議均以重視"對話"的形態進行，這一切全是承繼池田會長世界性對話的實踐。

我們特意選擇成為討論主題的嚴重地區，作為各場會議的舉辦地點，實在是學自池田會長"聆聽處於痛苦的民眾聲音，站在民眾這一邊"的信念。

池田 不敢當。我是繼承吾師遺志，為實現世界和平，創立了戶田和平研究所，以作為集合民眾之睿智和力量的"人類共同奮鬥之據點"。

設立之初，我認為推動研究的方式，應該與世界的學術、研究機構以及 NGO 合作，以建構國際的網絡——尤其是要以結合研究者與運動家，形成貢獻和發動世界的民眾力量作為大目標，要將過去往往是個別的活動力量，轉為以"民眾"此共同層次，連結起來協助解決世界的種種問題。

在此意義上，我想把戶田和平研究所定位為一個全新形態的"民眾創立"研究所。贊成這個宗旨而就任所長的博士，也擁有使用最先端的通訊技術，以結合從事世界和平的人們，俾建立"和平之城堡"的宏大構想。

德拉尼安　是的。我就任所長以來，戶田和平研究所曾在東京、劍橋（美國）、火奴魯魯（美國）、廣島、約克（英國）、德黑蘭（伊朗）、布利斯班（澳洲）、多倫多（加拿大）等地舉行會議。透過一連串的會議，獲得世界兩百多名有識之士的協助，也請他們參加戶田和平研究所的國際諮詢委員會。

我們以互聯網結合國際諮詢委員會的成員，並透過電子郵件交換意見，目前仍持續着這樣的討論與諮詢。今後將更擴大規模，逐漸形成一個不只限於學者，更擴及到政府機關、企業界，來自各階層市民的地球公民網絡。

❖ 為了和平提出具體方案與行動

池田　真是太好了。總之，和平研究想已進入巨大的轉變期。

冷戰時代的研究，着眼於如何避免可能導致毀滅世界的核子戰爭，以及緊張情勢的緩和。雖然這些和平研究的成果尚未充分呈現，但舊蘇聯崩潰及冷戰結束的先出現，似乎可說是民眾與時代強烈要求世界和平與廢除核武的結果。

在此情況下，為阻止事態的惡化，再三對國際社會提出警告的和平研究，意義是深遠的。而今後和平研究的課題，應該是提出具體的替代方案——也就是創造新時代之基礎的研究。

德拉尼安 我完全同意。前面說過，戶田和平研究所的全體同仁，在成立之時針對研究所的使命進行討論時，訂下了"要成為新時代全新形態的研究所"為目標。而研究主題，則以"HUGG（人類的安全保障與地球社會的運作）"為主軸，對世界各國和社會提出有影響力的政策選項，作為研究的重點。

池田 對於今後的和平研究，提出明確的方向並訂定具體計劃，此舉有如車子的兩輪，缺一不可。恩師戶田會長也強調，為和平提出具體方案和行動的重要性。即使不能立刻實現，但它終將成為"火種"，擴大而成和平的火焰。不實際的理論終究無用，具體的方案才能成為改變現實的樑柱，最後成為守護人類的屋頂。

我以每年發表"和平建言"的方式，致力於提出時代方向及具體步驟，並不斷持續行動，也都是因為有吾師的指針。

❖ "禁止原子彈氫彈試爆宣言"的意義

池田 其中，我們最致力於廢除核武器。

眾所周知，SGI 推動和平運動的原點，是戶田會長於1957 年 9 月發表的"禁止原子彈氫彈試爆宣言"，其中談到"我們世界的民眾，皆有生存的權利。威脅這權利的是魔鬼、撒旦，是妖怪。"同時疾呼："要拔掉隱藏在後面的爪。"這是對於核子武器危害人類生存之魔性的批判，同時也是向巢居在人類生產核武並意圖使用的魔性，提出敏銳的告發。

　　戶田會長把這宣言作為"第一遺訓"，託付給當時的青年部。從此以後，創價學會在世界各地巡迴舉辦"核武威脅展"、"戰爭與和平展"，並出版反戰叢書。最近，創價學會青年部更發起"放棄核武二〇〇〇"的活動，達成了一千三百萬人的連署簽名，為和平展開廣泛的行動。

德拉尼安　我對於池田會長不屈不撓欲實現"沒有核子武器的世界"所付諸的努力，以及 SGI 各位的奮鬥，非常了解。事實上我第一次注意到 SGI，也是因為這項活動。

　　冠有戶田會長之名成立的研究所，也鑑於此宣言的深奧意義，將廢除核子武器列為最優先的研究課題。戶田會長憤怒的呼聲，不斷在世界幾百萬民眾的心中迴響。

　　"禁止原子彈氫彈試爆宣言"發表四十週年的 1997 年 9 月，於英國塔普羅庭（Taplow Court）舉行"廢除核武的國際會議"，以帕格沃什會議名譽會長約瑟夫・羅特布拉特⑩為首，多位世界性裁軍問題的權威學者也出席盛會，進行了富有意義的討論。

　　透過該會議，我再次體認到戶田會長"禁止原子彈氫彈試爆宣言"的先驅性，更加確定我們推動的研究計劃是何等重要；這研究成果將由戶田和平研究所出版專書。

池田　的確，因為冷戰結束，遠離了全面核戰的危險，"令人放心"的氣氛飄盪於國際社會，人們對核子武器的關心減弱了。但近年來印度與巴基斯坦相繼進行核彈試爆的強硬態度，以及想要擁有核武的國家陸續出現，核武擴散的連鎖反應令人擔憂。如果這種情況再演變下去，人類勢將陷入無法挽回的隘路。

　遺憾的是，擁有核子武器的國家，依然採取"核武是安全保障所必需"的態度。究竟要如何扭轉此論調，以及核武擁有國不積極廢除的態度？我認為最重要的是 NGO（非政府組織）等的民眾運動；據說之前於英國舉行的國際會議上，也有人指出此重要性。

德拉尼安　是的。在塔普羅庭舉行的會議上，以"世界沒有核武之地球性行動——從管理軍備到廢除"為題，進行報告的核時代和平基金會所長大衛・克里格⑩，強調了 NGO 的重要性。在會議空檔時間，他說："為了實現廢除核武，我們必須強化國際輿論。所以如 SGI 的作法，今後勢必愈來愈重要。"

　我也相信，民眾具有打破核子擁有國所持之幻想的力量。至今仍忘不了羅特布拉特博士在會議的專題演講，他以嚴肅的語調說："人類在很短的期間內，累積了幾萬顆核子彈頭，我們為甚麼能容許充滿愚蠢和瘋狂的事呢？"

　因此，我們需要有將國家認為是"必要之惡"的核子武器，斷定是"瘋狂"的人類本來之感性，立足於將之一舉推翻的民眾運動。

　在這意義上，我也很期等 SGI 的和平運動。

❖ “戰爭的世紀”絕不能再重演

池田　民眾必須以自己的雙手，開拓沒有核武器的世界，進而以二十一世紀為最終目標，打開“不戰的世紀”的道路——這是我一貫的信念。為此，SGI 與世界的有心人士，擴大友誼的網絡，建構起創造和平的民眾的連結。

我們所走過的二十世紀，許許多多的人戰死。據估計，第一次世界大戰包括民眾在內，死了兩千兩百萬人，第二次世界大戰犧牲了六千萬人；因此有學者將二十世紀命名為“戰死的世紀”。

沒有比戰爭更悲慘、更殘酷的——這是人類付出極大代價所得到的教訓。可是時至今日，戰爭頻仍。為了走出這漩渦，我認為必須從以國家為中心的安全保障，轉變到“人類的安全保障”，而主導的就是民眾的和平運動。

德拉尼安　如會長所說，至今在國際社會作為安全保障的主軸，都是國家。自 1648 年西發里亞和談條約 ⑩ 以來，傳統的國家體制皆以國家間的安全保障為中心而建立的。其結果，安全保障的研究也只限於國家與國家的關係，完全忽視了“人類的安全保障”。

不過，從國家間的安全保障這觀點看來，在生化武器的裁軍等有限範圍內，有了進步也是事實。但是當戰爭成為國策的最高命令時，犧牲的都是民眾，這也是歷史教訓。近幾年尤其明顯。

不僅是戰爭，以饑饉、疫病、環境破壞、恐怖活動等問題，也一再威脅人類的安全，為此我們必須重新界定安全保障的概念。在此情況下透過聯合國發展計劃總署（UNDP），或全球統治委員會所提出的報告，建構"人類的安全保障"這一新概念，一旦實現必成為國際社會的焦點。

池田 事實上要實現"人類的安全保障"，我認為必須充實有益於人類的國際法，以及支持與加強聯合國。

長期在"西發里亞體制"下形成的國際法，偏重於調整國家間利害規則的層面，而有尊重國家排他性主權的傾向。因此，很難形成立於"有益人類"的共識，即使獲得共識，也因暫且保留等因素，而有缺乏實效性的局限。

德拉尼安 國際關係的發展史，可分為三個階段。第一階段是"硬實力"（hard power）時代，是強者支配弱者的時代。第二階段是國際關係逐漸成熟，國際法在某種程度上能保持國家間均衡的時代，稱為"霸權"（hegemonic power）時代，是靈活運用力量和談判，以維持國際關係均衡的階段。

現行的國際法就是受此制約形成的。但在日漸全球化的世界，危機也全球化，原來的方法已無法應付。所以我認為，不能立於偏狹的國家利益，必須開始立足於更廣泛的全球目的觀，來挑戰新國際法的確立。

如今我們已進入第三階段的"軟實力"（soft power）的時代，是比硬實力或霸權主義更能發揮效果的時代，包括以

道德勸說、食物與音樂、藝術、電影等文化影響以及對話，
更能和平地獲得有效的結果。

❖ 強化聯合國成為 "人類的機構"

池田　其次是關於聯合國的問題。由於受到 "國家集合體"
這傳統框架的制約，聯合國實際上並未達到當初成立的目
的。

　　正如博士您提到："在今日，無論如何，聯合國是唯
一能具體展現世界一體性的機構。" 我們應該全力支持聯合
國，改變它成為地球所有民眾的機構。這一點非常重要。

　　1994 年秋天，我與當時的聯合國秘書長加利 ⑩ 會談，
我向他表示人們對聯合國懷有 "最大的期待"，卻給予 "最
小的支持"，這一點應該留意。

　　您曾經主張結合創造性力量的 "民眾議會" 的必要，對
此我完全同意。為了使全世界國家幾乎都加入的聯合國，
成為人類的機構並發揮功能，應集思廣益地全面進行檢討
才是。

德拉尼安　我很高興會長提出改革聯合國的議題，因為戶
田和平研究所與澳洲的拉多羅伯 (La Trobe) 大學及泰國朱拉
隆功 (Chulalongkorn) 大學的研究機關，合作進行一項稱為
"全球‧統治改革"（HUGG － UN）的研究計劃，這是探究
改革聯合國的可能性，將此作為研究所之 "HUGG" 計劃的

一環，不斷與世界傑出學者、有識之士及聯合國相關人員共同進行討論，並且將研究成果匯整成報告，配合9月的聯合國千禧年高峰會出版成書。

我認為，為使聯合國成為能因應各種現實問題的機構，必須盡量地民主化聯合國機構與運作方法。而具體的作法是，改革安全理事會及重新設立新的大會。

關於安全理事會的改革，首先是階段性地廢止常任理事國的否決權，再者擴大理事國，三是若需要介入軍事的決議，應以"全體一致"為原則。

至於大會，除了現行的國家代表大會外，應加上不受自己國家掌控的民眾組織，成立新的"民眾大會"。我認為此代表，可以像歐洲議會的議員那樣，以直接選舉的方式產生。

池田 這些都是非常重要的提案，尤其是"民眾大會"的創設，我曾與和平學者戈爾通博士談過，是一個非常值得研究的主題。雖然立即實現有困難，但可作為一個目標，邊回想聯合國憲章"我們人民"的那一段，邊將民眾的聲音持續反應給聯合國，這是很重要的。

以往的聯合國，"國家的臉"總是掛在前面，我認為反思後，應該重回聯合國創立當時的精神，在制度與運作層面，凸顯"人類的臉"、"民眾的臉"才是。

❖ 不依靠國家行動者的抬頭

德拉尼安　"以國家為中心的霸權時代即將結束。"捷克哈維爾總統就目前國際情勢如此說，與我的想法十分接近。"斷定已經結束自有其根據。許多事實顯示，今日的我們處於過渡期，有的逐漸退場，有的雖難產卻在誕生中。狀態像是某些東西在朽化和崩潰，同時別種事物雖不是很清楚，卻從瓦礫中萌生嫩芽。"我認為這是很正確的說法。

新生兒雖不見蹤影，但胎內已有心臟的脈動，似是發出呱呱聲前掙扎的苦痛。然而新的趨勢很清楚，尤其是冷戰結束後，非國家行動者的運動，日益活躍。

池田　近年來非政府組織（NGO）的活動，值得推崇。從前在環境、人權、人道方面皆有驚人貢獻的 NGO，最近在一直被認為是國家專權事項的裁軍領域，逐漸獲得成果。

1996 年 7 月國際法庭（ICJ），對於核子武器的威脅或使用，提出勸告性的意見，判定"違反了一般被用於武力紛爭的國際法，尤其是人道法"，而引導其扮演重要角色的，就是以"世界法庭計劃"為中心的 NGO 運動。

1997 年 9 月通過的"全面禁止地雷條約"，可說是以"禁止地雷國際運動"（ICBL）為首，呼籲廢除地雷的 NGO 活動結合起來，撼動許多國家的成果。

德拉尼安　這些都是劃時代的工作。

這些工作得以完成的一個重要因素，雖然是大國緩和對立的關係，而非國家的行動者，在今日的各個領域，都能自由自在地展開其運動。這裏所指的"行動者"，除了NGO外還有跨國企業（TNC）、跨國傳媒團體（TMCS）。

據稱，左右今日世界經濟的，是排名前五百大的多國籍企業；但也有民主社會無法控制的問題。這些經濟行為得到世界銀行、國際貨幣基金會（IMF）、世界貿易組織（WTO）的協助，其結果，經濟發展的長期計劃、外國匯兌的安定、勞資對立的國際問題等都受到控制。

池田　的確，多國籍企業中，有的甚至擁有富可敵國的資金和組織。他們的一個行為，足以左右國際社會的動向。因此在國際經濟的領域，以強大的影響力決定經濟行為的規則者與服從者之間，有截然的差別。

德拉尼安　實際上中小國反對大國或跨國企業、政府間組織的方針時，會受到經濟封鎖、物資禁運、杜絕其籌措資金等處罰。

因此戶田和平研究所主張，聯合國應創設包括企業界、公民社會、學術界代表的"民眾（NGO）大會。"

❖ 傳媒發達引發各種問題

德拉尼安　而監察此過程，同時又為啦啦隊長的，就是跨國傳媒集團。

新聞節目監察世界的各種事件，不僅如此，也扮演着

提示我們必須因應 "現實" 之角色。這樣的傳媒報導是 "軟實力" 的一部分，"軟實力" 本身是多層面和不同形態的，故有好的與壞的一面，這是我們要特別留意的一點。

池田　說的也是。

德拉尼安　世界新聞的主要發信源和頻道，如過去的一個世紀，若只是限定於歐美國家，那麼提示給觀眾的現實，仍將是一元化。多國籍傳媒也是透過全世界的廣告宣傳，促進正當化、消費主義的媒體，可說是 "軟實力" 在形成今日世界的另外一個表現。

而與其平行的，國外旅行、文化交易及互聯網 ⑬，也是有助於文化交流的管道。就如麥當勞、米高・積遜、麥當娜、CNN 浸透世界一樣，日本的壽司、生魚片、黑澤明的電影也抓住了世人的心。

池田　通訊技術的革新，我們隨時能掌握世界各地的新聞，但正如您所說，現今絕大部分都是歐美觀點的報導，且在資訊量方面，歐美所發出的片面資訊佔了大半，來自其他地區的新聞、不同意見的陳述卻不夠。

惟傳媒的發達和網絡的普及，人們接受資訊的幅度擴大，對民主主義的健全發展是有助益的。另一方面，透過傳媒得知世界各地環境破壞或難民等狀況，進而成為人們採取行動、解決問題的契機。

❖ 傳媒與民主主義的新可能性

德拉尼安　所以，"軟實力"本身是價值中立的，根據其用法，可以為善也可以為惡，既可以尊重生命，也可以輕視生命，既能促進各國的理解，也能將某個人種、民族、國籍、宗教的人們之形象報導得很差，導致這些人們對文化的固定觀念更強。

　　當然，目前正在擴大的國際交流，也帶來了國家、文化之間永續和解的可能性。但沒有認真分析武力紛爭的根本原因及解決方法，只隨意報導表象的新聞媒體的亂象，勢必組織性地歪曲交流和資訊。

　　國際社會在尋求全球性觀點、公民性的新聞，可是多數的新聞卻被塞進偏狹的黨派和國家主義的框架裏。

池田　為了改正這種充滿利害和企圖的報導，必須形成超越國家和黨派利害的新報導倫理。

德拉尼安　重要的是這個新倫理，必須包含有助於國際新聞的慣例和紛爭調停的規範。為此，要有立足於世界公民意識之全球性新聞。

　　我認為對傳媒而言，真正值得去做的課題，是使用"柔權"於國際社會的和平與互相理解上。正如會長您剛才所說，對締結禁止地雷條約做出貢獻的，是 NGO 的相關組織 ICBL（禁止地雷國際運動）。我覺得此運動能成為一個經驗範例。

ICBL 在六年之內，為普及資訊，曾動員一千多個NGO，廣泛使用網絡以說服各國政府，結果有一百多個國家在該條約上簽字，自 1999 年 3 月生效。

池田　我們應該進一步喚起國際輿論，以擁有地雷的國家為首，促使全世界所有國家簽下條約。起初認為難以過關的條約能夠通過，可說是只以同意禁止的國家率先起草條約的 "渥太華進程"（Ottawa process）奏效的結果，但正如您所說，是 ICBL 的運動作出極大貢獻所致。

不許投機取巧的劃時代條約之所以進行順利，是因為 ICBL 隨時公佈反對的國家名單，在國際上施予壓力，同時對於以 "國防理由" 為藉口，採取反對態度的各國政府，很有耐心地敦促他們重新考慮的結果。

"將來，可作為同樣活動的範例，成為裁軍、和平之國際性努力的先例"——為稱讚其功績，頒贈給 ICBL 1997 年和平獎之 "諾貝爾獎委員會" 提出如此的授獎理由，可說是期待以民眾為主體推動裁軍運動的證明。

❖ 資訊革命所不可缺少的 "靈魂互動"

德拉尼安　ICBL 運動有效地使用網絡等通訊工具，是欲打破傳統決議手法之局限的嘗試。

民主主義很容易因政治資金的籌措方法而腐敗。政治家往往比一般民眾更順從捐款給他的包括武器製造業者的企業利益。此種腐敗，雖然動員民眾力量多少能夠改正，但還是需要民眾具有足夠的資訊和意識，以及不厭其煩的活動作為條件。

在這一點上，對於具體問題，網絡是民眾獲得反集合世界情勢的資訊，形成一股勢力的新民主公共性媒體。

我堅信，禁止地雷的運動，證明了"善用電腦的新民主主義，結合民眾教育時，將有效活動"的很好例證，也可說是民眾有價值地利用電腦的勝利。

池田 互聯網所象徵"資訊革命"的優點，誠如博士所說，防止知識和資訊由一部分人或集團所獨佔，而能民主地為多數人所共有。因此我認為不僅知識和資訊，薰陶出能真正活用的"智慧"是非常重要的。為此我還是覺得，透過人與人的直接對話，"心靈的互動"是不可缺少的。

新發展的技術本身，具有使人類社會幸福，也有使之不幸的力量。重要的是認清這技術所具有的特性和本質，為人類好好活用其價值──我們對於科技，不能失去這樣的基本態度。

佛法主張，發展將事物引導至更好方向之"智慧"的重要性。

人格與人格互動的對話，既沒有知識的單行道，也不會有"無靈魂的資訊"洪水。聲音與聲音、生命與生命的互動與互通，展開生氣蓬勃的對話戲劇，我相信能孕育出很出色的"智慧"。

德拉尼安　到此為止，我們討論了宏觀的問題，但我認為和平在微觀的問題領域，更能獲得最大的效果，而其關鍵是如會長所說，就是人與人的對話，透過對話的溝通最能發生效果。不是多人數隔空間接的交流，而是小圈圈內的一對一對話。

因此我與 E‧F‧修馬克 ⑭ 一樣，要強調"小即是美"。宛如家族、友人、信徒的小集會，少人數反而容易培養親密、互相理解和體貼的心。所以我對於 SGI 的座談會等自發性的小規模聚會所扮演的角色，給予極高評價並熱切關注。因為只是從國家或企業集團層次來看的話，總是會非人性化、失去個體存在，因此貪慾和襲擊性將佔上風。

❖ 從"對立的競爭"到"協調的競爭"

池田　我看最近的 NGO 活動，深感戶田會長提倡的"地球民族主義"思想，以今日來說，就是"地球公民意識"確實在成長；重要的是此廣泛樸實的草根運動。

戶田會長經常說："任何民族都不能被犧牲。我們要從地球上消除悲慘這兩個字。"這思想淵源來自牧口會長"人道競賽"的共存共榮的理念。

牧口會長於 1903 年著作《人生地理學》中，提到人類已經不是"軍事競賽"、"政治競賽"或"經濟競賽"的時代，而應走向"人道競賽"。又說："人道方式不是單純的方法。

不管政治或經濟，都須以人道作範圍。重要的是不要把目的擺在利己主義，要保護和增進自己與他人的生活。反過來説，要選擇為他人、利他同時又利己的方法；須有意識地從事共同生活。"

牧口會長之所以強調"人道"的"競賽"，並不是否定競賽本身，而是主張為了人類真正的進步、發展和共生的競賽，這種人道的競賽才能開闢新的時代。我深感二十一世紀和平的關鍵就在這裏。

德拉尼安 一百年前為人類的共存提出這樣明快的見解，實在令人驚訝和欽佩。

如前面所述，今日最緊要的課題是將時代的潮流，由"對立"轉為"協調"。過去幾個世紀，掌控世界的是霍布士理論所説"萬人對萬人之鬥爭"的想法。這樣的世界，可説是"零和"賽局（zero-sum game）——即對某人的幸福和安全、對他人是不幸和危險。

池田 地球社會所要尋求的指標，不是"產生失敗者的世界"，而是建構"大家雙贏的世界"。

我曾在"和平倡言"中提及南非總統曼德拉的挑戰，亦即要建設不因膚色遭到歧視的"彩虹國度"的藍圖，可以説是最好的例子。

德拉尼安 拜讀"倡言"後我也非常感動。曼德拉總統所提出的見解，充滿了"各人的安全和幸福，是萬人的安全與幸福"的思想，是以"雙贏"為前提，取代霍布士理論灰暗的悲觀主義。曼德拉總統以潛在於每個人內面的神性為前提，從樂觀主義出發。

這不是潛在於人性惡的層面，而是信賴善的層面並喚醒它的呼籲。

池田 的確，每一個人的精神革命是不可缺少的。如要建設大家都是贏家的社會，不能只是腦袋的理解，還要有深刻的"內在改革"。

關於這一點，羅特布拉特博士曾對我說："戰爭擁有使人變成愚蠢動物的力量。連在一般狀態思維清晰的科學家，一旦戰爭發生也會失去正確的判斷。憎恨'野蠻'晰的人，也會做出'野蠻'的行為。這是戰爭的瘋狂。"

德拉尼安 其實這瘋狂不只限於戰爭，也會為人類帶來悲劇。雖然遭受過這樣慘痛的經驗，但人類還是重蹈覆轍。我認為，這是人類的"業"，是非常嚴重的問題。

❖ 生命內在的改革，是和平的基礎

池田 佛法的"十界"說出，任何人都具有十種生命境涯。捲入戰爭的人，其生命狀態受到最低之"地獄界"、"餓鬼界"、"畜生界"、"修羅界"的三惡道、四惡趣所覆蓋，即被本能和慾望所支配的狀態。

處於這狀態的人，其思維和行動無法避免愚蠢和野蠻，從佛法的眼光來看，是有其道理的。即使達到了表面的和平即"外在的和平"，也會因為一點點緣而崩潰瓦解，是這樣的脆弱。

即使看似迂迴，為了建設穩固的和平基礎，必須在每一個人心中建設和平，也就是確立"內在的和平"；這是我們 SGI 向世界推廣"人間革命"運動的原因。我深信生命內在的變革，會有如波浪喚起波浪般，當賢明的民眾團結起來一致行動時，必能將人類從"戰亂"和"暴力"的宿命流轉中，解放出來。

德拉尼安　對於會長賢明的提出"內在和平"與"外在和平"的關係，有位波斯詩人巧妙地比喻說："沒有生命的存在，如何給其他存在賦予生命呢？"

自己內心沒有和平的人，又怎麼能傳達和平給他人呢？這是不可能的。

外在世界是如此複雜，紛爭又多，或許不容易確立和平，但無論是誰，都應該有一個依歸。那麼要從何處着手呢？其實最容易影響自己的，就是自己，所以應該從面對自己開始。

伊斯蘭神秘主義的教義也認為，克服自己是最偉大的事。沒有自制的自我，是最大的敵人，使人走向獨善、瞋恚、貪慾、憎恨、排他。

池田　我了解。佛法的重點之一，也在於養成"自我約束的力量"。

德拉尼安　伊斯蘭神秘主義的教義提到，人的內心中還有一個自我，可通過教育、訓練或慈愛的心而覺醒。此超越自我和他人的二次元性，是從迷妄中覺醒，走向和平的關鍵。若繼續區分自己的利益和他人的利益，等於是種下紛爭的種子。

重要的是，認清人類的"生存"只是更大存在的一小部分，與其他一切生命體有着"相互依存"的關係。若能有這樣的覺知，我相信能夠走向解決被視為各自存在而引發的宿業之紛爭的道路。

池田　佛法也有"緣起"的想法。"由緣而起"的觀點，不管人類或自然界，沒有一種現象是單獨發生的。萬物皆互有關係、互相依存，成為一個宇宙而流轉，生生不息。

"我活着！因為我是大生命的一部分！"這富有詩意的見解，就是對無限多樣性的"共鳴"而擴展開來的。

我認為，發自生命深處的"共鳴"，可説是深入生命內在時，所出現的透徹的"平等觀"和"尊嚴觀"，這正是"人類共和世界"的泉源。

德拉尼安　換句話説，共生只有"承認他人的存在"這表面的寬容是不夠的。

池田　是的。它必須是突破單純的心理層面，紮根在從生命深處湧出的秩序感和宇宙感才行。

佛法的"依正不二"，是以生命活動為主體的"正報"與環境的"依報"，二而不二的關係。也就是説，作為主體的人類生活方式、生命狀態，對於環境也會有很大的影響——若沒有確立"內在的和平"，則難以創造"外在的和平"。可是只靠"內在的和平"要在此激烈變化的社會中生存，也可能會停滯在一種單純觀念論和抽象論的危險性中。

因此我認為，我們還需要追求社會的和平與和諧之"現實的行動"。惟有具體的實踐，才能使"和平"成形並穩定下來；每一個人的"內在和平"也惟有在奮戰中，才會受到陶冶，成為銅牆鐵壁。

我堅信，此種不懈的實踐，未來終將成為突破時代的原動力。

第 十 章

世界公民的必要條件
——往返於"共同體"與世界中

❖ "戰爭世紀"──二十世紀的意義

池田 英國思想家以賽亞‧柏林⑬："二十世紀是人類互不寬恕、持續殘殺最嚴重的世紀。在今日，這已是憂鬱的常識。"

不待柏林的言說，二十世紀無論是量或質的方面都甚於十九世紀，以"極端化"的形態一再重複悲劇。

德拉尼安 的確，二十世紀是人類史上最血腥的世紀。不同於過去，二十世紀有許多人是在尖端科技與殺戮武器下被殺害的。以兩次世界大戰為首，朝鮮半島和波斯灣地區的紛爭、納粹屠殺猶太人以及高棉的大屠殺等，真是不勝枚舉。

1900 年以後，發生了超過 250 次的戰爭，約一億名軍人與一億民眾死亡。根據數據顯示，每百萬人口中，單是軍人陣亡的人數，十八世紀時每年是五十人，十九世紀則是六十人，到了二十世紀則攀升到四百六十人之多。

人類真的能將二十一世紀轉變成和平的世紀嗎？若還是強調武器的命中率和殺傷率"提升"的話，二十一世紀將成為更血腥的世紀；因為阻礙和平實現的複雜問題仍是層出不窮。

池田 現今即使好不容易脫離毫無意義的意識形態對立，但引發悲劇的"分離"勢力，尚未撫平。"民族"這個詞彙，脫離現實特立獨行、被奉為絕對偶像崇拜的結果，南斯拉夫和盧旺達等地都發生了慘絕人寰的悲劇。

遺憾的是，柏林在三十年前所說的"憂鬱的常識"，並非是過去的事。

德拉尼安　真是可悲。事實上不僅是戰爭，幾百萬人因飢餓、營養不良、疫病等原因被世界遺忘，而慢慢走向死亡的道路。如前所述，我認為包含此"結構性暴力"的事實，二十世紀可命名為"被設計的死亡世紀"。

另一方面，二十世紀也是"科技飛躍發達的世紀"。但可惜的是，這方面發展的速度，更勝於人類精神的進步。

波斯灣戰爭告訴我們，人類已發展出超乎想像的"死亡"技術和武器；其神速進步遠超過我們道義上的想像。

❖ 從歷史悲劇中記取教訓

池田　我深有同感，但也有好消息傳出。那就是在迎接新世紀時，出現了一個走出另一方面多年嚴重對立、踏出嶄新一步的地區——分裂半世紀以上的南韓與北韓，在 2000 年 6 月首次舉行了領袖會議。

韓戰停戰以來，雖斷斷續續閣員和總理級之間的對話，但雙方最高領導人從來沒有直接進行談話。此次韓國總統金大中與北韓總書記金正日，在平壤舉行了歷史性的會談，發表了"南北共同宣言"。

有關南北韓領袖會談，我在十五年前"和平倡言"等各種機會中，一再提出建議，此次得以實現我分外高興。為了朝鮮半島和東北亞的和平，我強烈希望共同宣言中所說的"金總書記訪問漢城一事"能早日實現，以落實雙方領導人直接對談。

德拉尼安　真的是劃時代的會談。

池田　東北亞和平的實現，是二十一世紀的焦點。多年來被認為是難以解決紛爭的地區，若能向着和平共存目標大步前進，對仍處於紛爭和對立的地區，將有示範意義，也能擴大和平的氣氛。

　　從"敵對"到"對話"，從"對立"到"共存"，為了確實掌握時代方向，我認為必須徹底檢討這些左右社會和人們的價值觀。我認為虛心檢視歷史的悲劇，正是開始的第一步，應該從中記取教訓。

德拉尼安　我也有同感。人類的學習行為，至少有三個類形，一是附加的學習，二是反覆的學習，三是改革的學習。

　　"附加的學習"其典型是在加速累積的科技上學習知識。"反覆的學習"是世代相傳的學習；這也是新世代必須在各自的苦惱中重新拾回的。但若只是這樣，還是會有戰爭，下一個世代仍然有重蹈覆轍的可能。

池田　"反覆的學習"無法承繼，也無法累積，因此各世代要經歷自己的痛苦，重新發現本有文化和社會的價值，並將其改造成合乎時代和環境的形態。

德拉尼安　是的。與此相反，"改革的學習"是透過融會貫通整個世代的所學，完成如精神領導者般躍進的靈感，而時有所得的。

這種在科技的世界的躍進，具有"範例轉換"(Paradigin Shift) ⑩ 般驚人進展的意義。此躍進將一直影響以後幾個世紀，並成為一項制度。

從瑣羅亞斯特 (Zoroaster) 到釋尊、孔子、老子、亞伯拉罕、摩西、耶穌，以至穆罕默德、日蓮和甘地，人類偉大之師的思想，可說都具有這種特質。

❖ **人類危機與精神的"樞軸時代"**

池田 大多數的指導者，都集中出現在如德國哲學家卡爾・雅斯貝爾斯 ⑰ 所說的"樞軸時代"(Pivotal age)，亦即公元前 800 年到公元前 200 年間，印度成立了優婆尼沙曇 ⑱ 哲學，誕生了釋尊，中國也出現了孔子、老子等思想家。

此外，在伊朗瑣羅亞斯特論說善與惡的鬥爭，而巴勒斯坦也誕生了以利亞 (Elijah)、以賽亞 (Isaiah) 直到第二以賽亞 (the second Isaiah) 多位先知。

德拉尼安 您說的一點也沒錯。當時在希臘，荷馬寫了兩大敘事詩，赫拉克利特斯 ⑲、蘇格拉底、柏拉圖、亞里斯多德等哲學家，阿基米德 ⑳ 等科學家也活躍於此時。

池田 雅斯貝爾斯甚至在《歷史的起源與目標》中說："人類憑藉着那個時代實現並創造、思維出來的東西，而活到今日。"我也不得不感受到同一時代出現這些"精神巨人"的理由。

為甚麼同一時代出現這麼多智者？

雅斯貝爾斯談到，應該是"意識到全人類的存在以及人的本身與人的極限"的時代需要，可以說，因為有隨着時代激烈變動的精神改革，才能產生出給予日後深遠影響的思想和宗教；然而"第一樞軸時代"的影響力已經消失，時代的混亂益形嚴重。

我深感人類實在有必要開始精神層面的改革，認真摸索並創造人類共生的地球社會的思想基礎。

德拉尼安 完全贊同。這努力是刻不容緩。

池田 在進行此困難的摸索時，我認為哈佛大學西色拉·波克 ⑳ 博士的話，給予我們啟示。他認為以"任何人皆可共有的價值觀"為前提是很重要的，並主張"就價值的探究來說，本來不需要新的價值觀。重要的是，如何再評價及加深既有的價值觀。"又說："我要再次強調，價值活用於實際生活才是有用的。"

以這"普遍性"與"實際性"等觀點，重新檢討各思想哲學的實用性，對人類未來是有助益的。

德拉尼安 如果從這個意義來俯瞰現代的思想哲學，主要可分為三種類形。

第一種是主張促進人類進步，現代科學技術可提供形成人權與民主參與世界倫理所需的基礎的現代主義者。他們認為宗教所提示的世界觀是不足取的，最壞的情況將成為人類進步的障礙。

第二種是不管宗教或世俗，否定目的史觀之妥當性的後現代主義者。他們認為一切目的論的歷史哲學，無論是現實或潛在、有意或無意，都是以支配和剝削為目的的霸權主義思想。

池田 這種後現代主義者中，也有揭發傳統宗教和意識形態的虛構，擁有嘗試非神秘化的懷疑精神的人。

❖ "真理是神"——甘地的宗教觀

德拉尼安 是的。第三種是為了促使足以回應現代世界日益增加的複雜度而有的倫理發展，以適應一直以來各文明的傳統這樣多種多樣的宗教世界觀和世俗世界觀。其中，有基本教義者和神秘主義者、全體主義者和自由主義者、現實主義者和理想主義者。

至於我個人的立場，我認為自己是有如聖雄甘地般的真理探求者。換句話說，不是發現真理，而是經常喜歡驗證真理的人。我認為，真理這個東西，是以為得到就會失去的，因為如果覺得已經得到的話，就不會想再去探求；而且為了探求真理應該與他人對話的，也會因此而停滯。

所以我認為的真理，是"透過對話以探求"。

池田 您說的我了解。主張"與其說神是真理，不如說真理是神"，徹底排斥宗派性的人，就是甘地。他這麼解釋真理："對真理的獻身是使我們的存在有意義的唯一證據。我們一切的活動應以真理為中心；真理必須是我們生命的氣息。""沒有真理，我們無從認識生存的原理與規範。"又說真理是"內在聲音的談話"，是"存在於萬人心裏"，是"活躍的力量"。

甘地對於真理的想法，我覺得是非常具內發性與實踐性的。因此甘地才說："一個人能做到，萬人也能做到。"

德拉尼安　是的。甘地所推動的非暴力實踐，以及以"尋求、堅持真理"為核心的一切運動，皆相信人性是善的，並以呼喚這善的"對話"為基礎。因此他對於"敵人"的存在，也都能毫無隔閡與其接觸。不但是對自己的夥伴，對敵人也要求要發現和走向正確的道路，看清自己的心。

於是當時，許多在印度的英國人，不得不受到甘地的勇氣和謙虛所影響。

有一則小故事。——將甘地關進獄中的英軍司令官，因為長靴有洞而感到不適。發覺這件事的甘地。在監獄內費盡辛苦地製造長靴。當他將靴子送給司令官時，說了一句："祝您幸福……。"深受感動的司令官，終生以非常光榮的心情，將那雙長靴展示在自己房內，作為英國和印度兩國友誼的證據。

今日我們應該向世界推廣的，是不受宗派拘束，廣義的宗教與人道的精神。

池田 甘地曾談到他的宗教觀："我所謂的宗教，沒有宗派主義的意思，而是信仰宇宙秩序正確的道德支配。"又說："宗教是改變人的性質，將人的內在真理緊緊結合，時刻淨化。這是人性普遍的要素。"

現代社會所需要的，就是這種開放的精神性和宗教性。

❖ 現代需要開放的宗教

德拉尼安 我也覺得甘地的信念，與會長所說的宗教普遍性相通，所以他推動的非暴力運動，才具有超越時代和地區的有效性。

甘地的理念和方法，在美國被應用於人權運動，在南非被應用於黑人和白人的反分離鬥爭，在東歐則被應用於打倒一黨專政的鬥爭，甚至被引進巴勒斯坦和愛爾蘭，雖然成功的程度有所不同，但皆有效果。

我認為甘地成功的關鍵，在於不只是視宗教為"個人的救濟之道"，而是把它當作"實現和平與正義的社會行動之道"。

池田 換句話說，甘地不把宗教限定在單純的私事，而是以更深的層次，制訂在現實社會中人應有的生活方式。

有關這一點，甘地談到："我不知道有背離人類活動的宗教。宗教對其他一切活動提供道義的基礎。如果欠缺這個基礎，人生將變成'沒有意義的牢騷和怒氣'的迷宮。"

他認為宗教與生活是不可分開的，我覺得甘地與以宗教為人類各種活動之泉源的大乘佛教，本質上是相符的。

德拉尼安　重要的是有沒有跟"行動"結合在一起。

甘地所提倡的"非暴力"，其思想本身在各種宗教也看得到。例如印度教和佛教視"不殺生"為最重要的戒律，而在回教，"奉至仁至慈的真主之名"是《古蘭經》各章的第一句話。

回教的"吉哈特"（jihad）有時被解釋成"聖戰"，但若仔細研究這個詞彙與先知穆罕默德的實踐，就知道回教訴諸武力的行為，只有在自衛情況下才允許。

訴諸武力的是"外在的吉哈特"，而"內在的吉哈特"遠比前者更為困難，那是去除貪婪、排他等惡之心，淨化精神的意思。伊斯蘭神秘主義稱其為"吉哈特·伊亞克巴爾"（jihad-I-akbar），即"更偉大的吉哈特"。

池田　基督教也一樣，耶穌昭示彼得"恃劍者斃於劍"，主張非暴力。

德拉尼安　是的。許多宗教都譴責暴力，主張愛與慈悲，事實上我們可以從過去的歷史，舉出排他與暴力受到宗教性依據而被禁止的事實。遺憾的是，這都是特例，於是我們也看到了"教理雖崇高，實踐者卻不是那麼崇高"的怪論。

因此進入現代後，陸續出現了各種形式的人本主義，尤其是馬克思主義強調歷史的必然論取代宗教的決定論，存在主義與後現代主義選擇以自由為根本的一貫立場。此種思想，可說是嘗試以"人的自由"之名，希冀恢復宗教傳統中失去的某些東西。

池田　關於"人的自由"，受齊克果 ⑫ 存在思想等影響沙特 ⑬ ，留下了一句名言。

德拉尼安　他說，人是"被宣告自由的"。

在二次大戰前後的時代，從事寫作的沙特，不承認一切存在的意義，並主張在無意義的世界上，人雖然是孤獨的，但應該過自由且有責任的生活。在這以前，如尼采 ⑭ 所說，在"上帝死了"的世界上，人不但對自己、對他人也必須作選擇，負有如此重大的責任。

也就是說，在作出選擇的時候，必須考慮此選擇之倫理實踐的意義，以及自身行為被他人接納的結果。

池田　由此產生某種"顧慮他人的眼光"。

德拉尼安　是的。如果這樣定義人本主義時，就不一定與宗教上傳統的人本主義發生衝突，但若是從人的生活方式來思考的話，正如齊克果和田立克所指出，與其說人是人本主義者或存在主義者，不如說是作為宗教者的存在。

我認為在深層部分，制訂生活方式的宗教精神，正是SGI 所秉持的大乘佛教和伊斯蘭神秘教義的根本。它不是盲從頑固的教條或權威領導者的教義，而是每個人自主並有意識地決定，同時對結果負責。

換言之，以這種教義作為思想前提的是，所有的人都具有超越利己之心、擁有志向普遍之善的潛在能力。

❖ 轉變為為了人類的宗教

池田　如您所說，"依法不依人"是佛法的根本精神。這裏所謂的"法"，是貫通大宇宙之永恒不變的法則，同時也是自人類生命湧現出來的內部規律。不會與科學或道德產生矛盾，始終是"進入民眾"、"進入生活中"、"進入社會"，生氣勃勃地展開行動的泉源。

德拉尼安　這個想法與伊斯蘭神秘主義所謂的"達理卡"（Tariga，道）相通。

　　伊斯蘭神秘主義的教義倡說"神存在於自身之中"，所以主張善事較之教條、追求"道"的人生較宗教的外在順從更為重要。

池田　我了解，重要的是實踐，要將宗教的真理顯現於自身生活上，以"法"為根本，遵照"道理"前進。不是因他律或被外在引導，而是自動自發地去提升生活。為此，必須養成非常堅強的自律性。

　　我認為，貫徹這種嚴峻的實踐，才能超越"狂信"、"封閉"、"權威"等宗教的宿命與弊病，我深信惟有這樣，才能超越剛才您所批判的"教理雖崇高，實踐者卻不是那麼崇高"的現象。

　　創價學會的牧口初代會長，是一位轉變以往壓抑人權的宗教觀，為挽回"為人類而存在的宗教"而奮鬥的人物。牧口會長基於這不可動搖的信念，與被人類手段化且不知恥的宗教權威搏鬥，死於獄中。繼承其遺志的我們，完全是以同樣的精神奮鬥着。

德拉尼安　對於創價學會歷任會長的奮鬥，我非常清楚。

不是"人為了宗教"，而是轉變成"宗教為了人"——這宗教觀的改革，才是最重要的課題。

池田　最要緊的是如剛才博士所說，如何顯現生命本有的"超越利己之心，志向普遍之善的潛能。"

佛經有一句很美的譬喻："人向鏡子作禮拜時，鏡中映照的影子又會向自己禮拜。"（〈御義口傳下〉·中御二·226頁）說明了對他人生命的尊敬，將使自身生命更為莊嚴的法理。也就是說對於一切生命，貫徹與自己並無不同且有共通生命的"自他不二之禮拜"的實踐，即可促進自身脫離自私的生活方式。

又如《御書》所示"喜就是自他共喜。"（同上。212頁）在不斷實踐之中，必能在社會上確立"勿將自身幸福建設在他人不幸上"的價值觀。

我認為今日社會異常混亂的主因，在於失去了連結人與人的理念，且蔓延於社會的利己主義，以一切形式成為"分斷"的力量，進而在世界各地引起不必要的對立和紛爭。

❖ 克服日益嚴重的"民族問題"

池田　讓我們思考現今人類面臨的另一課題，即日益嚴重的民族問題。

　　人類在殖民統治下犧牲甚多，付出了代價，好不容易達到了"文化相對主義"的地點。乍看之下，"價值中立"的概念似乎因為不帶任何的積極意志，而將人們的關係放置在持續不安的狀態中。

　　這當中因文化的不同，隨時有轉變為民族主義的危險性，以及易與破壞共存、社會或反人性結合的可能性。例如昨日是鄰居，隔天卻成為互相殘殺的對象，這樣的悲劇實實在在發生於盧安達和南斯拉夫。

德拉尼安　從歷史的觀點來看，各個社會都以自己的方法，因應多元民族、宗教和文化。其政策從最不人道到極負人道，亦即從"消滅到排除"、"差別"、"同化"、"混合"、"融合"等方法皆有。而其中最殘忍的，就是納粹德國的"大屠殺猶太人"，以及發生於舊南斯拉夫的"民族淨化"，徹底消滅其他民族。

　　雖然有程度上的差別，很遺憾的是，為了配合國家的需要，將人們的自我認同套入特定模子的文化政策，充塞於人類歷史。

　　文化因其多樣性而具有豐富的精神力量，同時具有分裂人心的作用。因此，不是"對立"，而是加強走向"和諧"的文化傾向，我們必須建設一個鼓舞和平，否定暴力的社會。

池田　原本應該豐富人性的文化，卻成為"個人歸屬性"的別名──其問題可說是將排他的行動予以正當化的"文化絕對化"。

以"種族"或"民族"的因素來分類時，同樣作為"人"的感情就會消失，體會對方的想像力就失靈了。潛伏在心靈深處的這種病理，心理學家佛洛依德稱之為"少許差異的自我陶醉"。只要人們還拘泥於"少許差異"，就不容易斬斷滋生無限對立的惡性循環。

為了建設一個尊重所有人，且人人皆享有自由與幸福之權利的"人類共生的世界"，只確立十七世紀政治思想家霍布士視為理想的"法治國家"已不足夠，近日的國際局勢能證明這一點。

德拉尼安　如您所說，霍布士根據"眾人對眾人的鬥爭"這世界觀認為，為了保障和平與社會秩序，需要有抑制個人權力的政府，強而有力的中央集權政府這種"以暴制暴"的想法。換句話說，將人在自然狀態下的主權委讓給了國家主權，國家則要求人民服從法律來保障人民的安全，這是霍布士的主張。

從此以後，這個"服從契約"的社會契約說，被視為是一切人類社會安全與幸福的必要條件。但以此成立的近代國家所行使的，即所謂正義的戰爭或被正當化的暴力，不僅無法解決問題，而且往往使情況更為惡化。

若思考這一點，從制度面來說，建構防止權力獨斷獨行的民主機制，是非常重要的。進一步來說，亟需將時代轉變為非"戰爭文化"，而是"和平的文化"，必須要進行人類的精神改革。

池田 我認為，為人類帶來幸福的泉源，應該是民族或種族間的融和，絕對不是分裂或對立。

今日人們因為"自我認同之空白"，產生心靈上的不安，而對集體歸屬意識的傾向愈來愈強，然而成為心靈寄託的民族意識，大多是透過近代歷史刻意製造出來的"虛構"而已。

對這個既舊又新的民族問題的本質，印度詩聖泰戈爾在所著《人的宗教》一書中說得好："任何時代的偉大先知，因意識到人普遍的精神性，而感到靈魂的真正自由。儘管如此，各民族因外在的地理條件，各自孤立的情況，加強了不祥的自我本位思想。"

德拉尼安 的確，二十世紀是被充滿虛偽的部族主義、民族主義、國家主義等分裂力量所蹂躪的時代。許多戰爭的發生，都是人們被創造出來的"虛構"所牽連進去的。無可否認，各陣營都有以正當化為藉口，利用"民族主義"擴張勢力的傾向。

尤其是在大眾媒體蓬勃發展的今日，不斷出現許多政治領導者，除了在自己的陣營內部，更意識到全世界觀眾在收看而大膽演出。而媒體也以"他們"和"我們"這二分法，看待一切紛爭和對立，將敵方報導成"魔鬼和畜生"。

因此有"回教的恐怖分子"、"魔鬼的美國人"、"狡猾的日本人"、"醜惡的中國人"、"野蠻的非洲人"等具體形象，滲透到眾多觀眾的心中，進而成為下一個暴力正當化的惡性循環種子。

池田 這是非常嚴重的問題。這個陳腐形象，一旦定型後就很難消除，小小的對立甚至成為點燃紛爭的要因。

對於民族或種族對立所內藏的危險性，泰戈爾提出警告："今日我們面臨非常棘手的種族問題，促使我們必須停止尋求表面的處理方式，而不得不學習在精神層面上彼此了解、適應。因為不這樣的話，將會產生種種的糾紛，使我們動彈不得，進而掉入死胡同裏。"

泰戈爾提出警告已過半個世紀，但悲劇和愚蠢行為仍持續發生，令人感受到危機正在加深。

❖ "自我認同危機"的特徵

德拉尼安 在此意義上，我們已面臨必須認真思考"自己是誰？""應該對甚麼忠誠？"的問題，是繼續保持偏狹的立場？還是選擇擴大世界性的視野？我們必須留意的是，世界是朝無國界的方向演進，互相依存的關係是如此深化，但我們個人卻毫無選擇的自由。

也就是說在過去的時代，人們出生、成長、生活以及老死的地方，都在同一村莊或小鎮的傳統社會，問題並不嚴重。可是現今的世界，不論是物質、社會或心理層面的變動都在快速增加，大多數的人們已不是住在出生的地方，就連住在出生地的人們，都會因為旅行、工作或透過媒體，接觸到其他社會和文化。

池田　其中有着"自我認同危機"的特徵。

德拉尼安　是的。我認為身處這樣的時代，自我認同必須在接觸其他文化和社會時重新定位。若想要住在更為和平的世界，則必須認同他人所屬的共同體、自我認同感及忠誠對象的多樣性。

透過對話，在深入了解彼此的存在之中，讓自己的認同不具排他性，而是擴大兼具包容性與開放性的自己。

超越時間及空間，我們也住在精神的世界裏。若能超越受縛的自己，融入宇宙生命，將是幸福的。一切偉大的人物和偉大的藝術，皆享有同樣的特質。

❖ "鄉民"、"國民"和"世界公民"三種自覺

池田　基於這一點，創價學會牧口初代會長在一百年前出版的《人生地理學》中提到，人必須是紮根於身邊地域的"鄉民"，同時是屬於國家的"國民"，更是以世界為舞台的"世界公民"，並強調同時擁有這三種自覺的重要。

牧口先生也提出應透過"鄉土"與"世界"兩方面，找出不受國家之惡影響的穩固立場，且不論是在地區或國際社會上，皆能視為"好鄰居"、"好市民"般互相深化理解，共存共榮的看法。

從“鄉土”看“世界”，同時也從“世界”看“鄉土”，我們應該藉由如此地反覆檢視，以提高、擴大視野。

德拉尼安　實在是太好了！牧口初代會長的想法，是相通於近幾年提倡“地球公民社會”的先見。重點是不要把自我認同局限於一處，予以多重化當中，就能打開地域和世界性的視野。

池田　如您所説，在互相依存的加速進展中，即使是一個人，也必須過着超越自己、與全人類相關之自覺的生活方式。但也無須因此一腳踏入尋求世界公民的生活方式，因為若只是這樣的話，很可能變成“無根的浮萍”。

　　法國思想家西蒙・威爾（Simone Weil）主張“根”的重要性，但我以為在自我認同上，不要失去世界公民此“開放的心”非常重要，因為成為該國或該地域的“好公民”，不一定與“世界公民”有所矛盾。況且我們必須創造沒有矛盾的時代。

　　“鄉民”、“國民”與“世界公民”的認同，絕不是排他的關係，也不是三選一的關係。

德拉尼安　是的。甘地、金博士等偉人的一生即是明證。

　　在我所敬愛的黑澤明導演的電影中，能看到地域性與地球規模獨特的融合。波斯詩人哈菲茲的詩句中，也有個性與普遍性兼具的形象。

池田　當思考世界公民的條件時，我想起了哲學家雅斯貝爾斯（Karl Jaspers）的故事。

雅斯貝爾斯的哲學著作一如他的弟子漢娜・鄂蘭 ⑫ 所說，全都是發自"世界公民的意圖"之構想。鄂蘭說人們對於"全球規模之責任"這難以負荷的重擔，共同的反應是不關心政治或孤立的民族主義，以及對一切權力絕望地反抗，有這樣的反應不足為奇。

儘管賈斯柏比任何哲學家都清楚政治及精神上的現實，但基於"成為世界公民的意圖"，他建立了自己的哲學。

德拉尼安 鄂蘭對一般人看待地球問題的傾向，我很清楚。

池田 我想介紹的賈斯柏的軼事，可說是他真實的一面。

——"二次大戰期間，許多人毫無批判地屈服於希特勒的權力，出賣靈魂。雅斯貝爾斯的猶太妻子格爾德魯特（Gertrude）雖然愛國，卻嚴厲譴責德國。每當遇到這種情形時，雅斯貝爾斯總是回說：'把我當作德國！'"

雅斯貝爾斯因為妻子是猶太人，被剝奪公開活動的自由，但他不認為"是被法西斯蹂躪的德國"，而決定呈現"本來之德國"的"良好模範"，即使身處瘋狂橫行的時代，仍沒有失去自我。

德拉尼安 在雅斯貝爾斯的身上，我看到時代所追求的世界公民的條件。

❖ **實施適應地球化的"和平教育"**

池田 為了培育有"開放之心"的世界公民，博士您強調了聯合國所提倡"地球性學習"的重要。

德拉尼安 沒錯。所謂"地球性學習",是在現今世界成為"地球村"的時代,為了讓世人了解適應此時代的需要,聯合國所倡導的概念。這是我的已故好友艾迪‧布羅曼(Eddie Ploman)擔任聯合國大學副校長時,所開始的計劃,我認為這是不分國籍、種族和年齡,所有人都應該參與的計劃。

儘管人類處在全球人的世界,但所受的教育大多來自國家,在其領土與文化內接受管理。因此許多人對於眼前迅速展開的世界現況,還沒做好充分的準備。

政治家對於國家的安全保障,仍以核子政策此過時的觀念在行動;使用核子武器影響之大是不分國界的。而教育者也常以偏狹的愛國心,將世界劃成"我們"、"他們",灌輸給下一代。至於大部分的媒體人,對於與自己不同世界的人事物,一律指稱為"奇怪"、"野蠻"和"非文明",而且只報導閱聽率或訂閱率高的國外消息。

池田 世界正在全球化,但是影響人們的國內政治和教育、大眾媒體的意識,卻沒有全球化——這個差距才是大問題。

德拉尼安 是的。回應地球化時代最有效的方法,就是把焦點放在年輕人身上。

魯爾夫‧巴羅 [20] 說:"舊文化將消失時,創造新文化的是一小撮不害怕不確定事物的人們。"以我的話來說,是"不怕相信、懷疑以及學習的人們,能開創新的時代。"我認為所有青年都擁有這樣的特質。因此,站在全球視野的教育，必須培養出不分種族、膚色和信念，誠心尊重一切生命、人的尊嚴之新世代，是非常重要的。

　　根據我個人的經驗，我做出這樣的斷言。

池田　具體而言，您的經驗是……？

德拉尼安　1955 年當我還是高中生時，參加了一場由《紐約前鋒論壇報》主辦的公開討論會"青年廣場"，與會者皆是以小篇論文比賽的方式，被遴選出來的，共有來自世界三十五個國家的高中生參與盛會。

　　那時全體參加者，都住在美國熱心人士的家裏，並訪問多所高中。為了暢談自己國家的情況和文化，在美國住了大約三個月。那段期間，我們參加了聯合國及其他地方所舉辦的會議，互相討論世界問題及對和平的展望。這個經驗，使我們留下難忘的回憶，從此以後，我走上"世界公民"的道路。

　　那段為期不長的時間，我與猶太教徒、新教徒、天主教徒、黑人等美國家庭一起生活，上各地的高中、上美國文化的速成班。同時，對印度人與巴基斯坦人、阿拉伯人與以色列人、南非人與黑人的紛爭，似乎得到了直接的教育。

池田　的確是很難得的經驗。

　　年輕時與各式各樣的人直接接觸，互相對話，能擴大視野。由此意義來看，積極營造一個使下一世代擁有開放的心，培養具有為和平建設挺身的勇氣和睿智的環境，相當重要。SGI 推進支援世界各國青年的活動，目的也在於此。

和平學學者戈爾通博士也強調，兼具"為和平獻身的熱情"與"和平的睿智"之人才的重要性。戈爾通博士曾接受我的邀請，在以"要成為固守人類和平之堡壘"為建校精神，希望培育對建構和平有所貢獻的人才之創價大學，作了短期的特別授課。

　　事後學生們非常感動地對我說，在課堂上學習到博士的理念與期盼，不是成為"和平的研究者"，而是要成為"和平的行動者"。

德拉尼安　我由衷盼望具有崇高理念的創價大學，能持續不斷地培育出"和平的行動者"。

　　將來在戶田和平研究所，也希望以肩負未來的青年為對象，加強"和平的教育"。我想將主題命名為"為了青年的地球學習與領導論壇"，以我年輕時所經驗的方式，希望從世界各地招募青年，定期舉辦廣泛的交流與交換意見的論壇。同時為了提供讓更多青年發表意見的場所，最好每年更換地方來舉辦。

池田　戈爾通博士曾說："現在，和平學的焦點從以往知識的建構（研究和平），逐漸進展到技術層面（實踐和平）。"在此意義上，戶田和平研究所為世界青年推動"和平教育"，非常有意義。

　　青年是未來的希望，是開創未來的力量。正因為如此，我也要以最大的力量培育他們。青年透過與世界人們的接觸，不斷進行對話，為社會付出行動，藉此鍛鍊自己。我深信，不僅是為自己，更要在許多人心中點燃"和平的火花"，使它熠熠生輝，進而成為把人類從混亂的黑暗中，解救出來的"希望光明"。

第 十 一 章

人類共生的選擇──邁向地球的統一

❖ 如何維護"人的價值"

池田　聽説戶田紀念國際和平研究所於賽浦路斯（Cyprus）舉辦的第二屆"波斯灣區安全保障論壇"（2000 年 5 月）十分成功，真是太好了。

德拉尼安　非常感謝。第一屆是在 1999 年 3 月，於土耳其的伊斯坦堡舉行，有來自伊朗、伊拉克、土耳其、沙地阿拉伯等中東國家，還有美國、英國、俄國、法國、中國以及持中立立場的國家，共約十七國的專家與會。那也是首次由 NGO（非政府組織）主導，在此地區所作的建構和平的嘗試。我認為連同在賽浦路斯舉行的第二次會議，都獲得極好的成果。

池田　在國際局勢依然緊張的波斯灣地區，能繼續坦率而誠懇的對話，就是向創造和平邁進了一大步。這是非常重要的工作，請耐心地持續下去。

德拉尼安　正如這個地區發生過伊朗、伊拉克戰爭與波斯灣戰爭，緊張氣氛濃厚，各種利害關係錯綜複雜。當初也為了如何進行會議，很是頭痛，幸好與會者都理解會議的目的，在於希望該地區永續的和平與經濟的安定，所以對話十分順利。

　　在首屆會議中，曾具體談到許多問題，如"灣岸地區非襲擊性防禦的展望"、"合作性的共同區域安全保障"、"區域裁軍"、"區域合作機構的展望"等，對於未來進行積極地對話。

池田 波斯灣地區對世界和平影響極大，日本因地理上距離較遠，往往不太關心。以日本為據點設立的戶田和平研究所，對於波斯灣地區的和平能積極貢獻，是很有意義的。

德拉尼安 波斯灣岸各國代表事後也來函表示："對世界困境並沒有改善意欲的日本，能成立和平研究所，並主導解決灣岸問題的貢獻。我們非常感謝。"

總之，NGO 要率先採取行動，尤其是戶田和平研究所，以"人的安全保障"作為研究計劃的中心，揚棄以軍事為重點，從如何保衛"人"的觀點，解決超越國家利害的問題。

池田 這是很重要的。如何固守人的價值，是思考二十一世紀安全保障的關鍵。基於此認知，我於 1995 年 1 月在夏威夷大學東西中心，以"和平與人類的安全保障"為題，發表專題演說。

以二十世紀作為教訓，"生命尊嚴"的重要性逐漸且廣泛地成為共識。身為佛法信仰者，一直以來主張的觀點，如今已成為引領時代的洪流。因此，希望以分析未來世界趨勢、二十一世紀文明基礎的方向為何，作為我們對談的總結。

❖ **地球一體化帶來善惡兩面**

德拉尼安 前面我們提過，全球化的迅速進行，對人們產生既好也壞的影響。好的影響是對於人權、飢餓、地球暖化及環境問題，還有禁止地雷、核武器、生化武器等地球性問題，人們跨越國界的藩籬，加強了前所未有的共識和連結。

但另一方面，也發生了經濟不穩定的現象。世界經濟自由化的結果，各國企業從工資、地租、稅金、勞力費用高的地方，轉移到便宜的地方；從政府限制嚴格的國家，轉移到政策比較寬鬆的國家；國內產業可說面臨了世界規模的嚴峻考驗。

二十一世紀最大的課題是，發達國家與發展中國家的差距愈拉愈大，也就是所謂的南北問題。此問題如果沒有透過對話，是無法理解更無法解決的。

池田 的確，企業為了在激烈的生存競爭中取得勝利，以獲取更多利益，紛紛翻越國界轉移到成本更低的國家，這種現象在 1980 年代以後的日本更是明顯。在此種情況下，先進國家都將國內經濟骨幹的製造業，移轉到國外，因而發生產業的“空洞化現象”。

德拉尼安 是的。這樣的轉移提高企業收入，雖然增加的利益分配給發展中國家，但先進國家自己的失業率卻攀升，苦於維持福利制度。因此，鼓動了國內對於外來移民或發展中國家的人們，在民族、宗教、階級上的對立情緒，更助長了排他和孤立外國人的氣氛。如此這般的南北問題，不僅是國際問題，也是國內問題。

事實上，歐洲各國因全球化與電腦化的企業資金陸續轉移，各國不但失去徵稅的依據，失業率也更為惡化，超過歐盟（EU）內部平均的百分之十，造成國家對社會福利事業預算分配的減少，形成社會更大的不安，且歐洲、美國的新右翼運動隨之抬頭，發生各種政治危機。

據說 1997 年亞洲貨幣危機等一連串經濟危機的背後，有國際對沖基金⑫的操控，如今世界的"巨款"已是隨時得以轉移，甚至能動搖一個國家的根本。這樣的時代現象，是人類從未經驗過的。

池田 1998 年 8 月俄國發生金融危機，1999 年初巴西接着發生金融風暴，帶給世界很大的衝擊，甚至傳出風聲──1929 年因紐約股市暴跌所引起的世界"經濟大恐慌"⑱，會再次發生。

即使沒有到那樣最壞的情況，但經濟危機導致國內社會不安與政治危機，回溯歷史就能得知。

德拉尼安 "經濟大恐慌"為許多國家帶來混亂，造成政治走向極端，進而促成共產主義和法西斯主義等集權主義運動的抬頭。我真切的希望，現代人以此為教訓，不再重蹈覆轍。遺憾的是，人們一旦陷於絕望，忘卻歷史的速度也是很快。

❖ **建構一個以"建設"、"共生"為目的的新經濟制度**

池田 究竟要如何克服這一點，使悲劇不再重演呢？

我曾經與以《零和社會》(*The Zero-Sum Society*) 一書馳名的美國經濟學家列斯特・梭羅 ⑳ 教授討論過。首先，愈是面臨危機，愈是需要有落實改革的領導者。第二，必須加強民眾的力量，以阻止政治惡鬥，也就是要結合覺醒的民眾力量。

德拉尼安　我深有同感。我們必須以嚴厲的眼光，看着現代資本主義的缺陷。

　　1999 年於瑞士達沃斯 (Davos) 所舉行的 "世界經濟論壇" 年度大會，主題是 "有責任的地球化 —— 全球化衝擊的管理"。正如主題所示，毫無章法的地球化是非常危險的。

池田　梭羅教授也十分擔憂這一點。他一再地指出，過去資本主義經濟 "短視" 與 "弱肉強食" 的傾向，若世界市場沒有一定的規範，被犧牲的還是沒有競爭力的國家與一般民眾。梭羅教授又強調說，資本主義經濟今後若要有所成功，必須從 "消費" 的意識形態，轉變為 "建設" 的意識形態。

　　不是 "有人賺，就有人賠" 的經濟，而是要以分享價值，向着創造更大價值這 "共生" 經濟為目標而前進。為此，必須重新思考作為其基礎的哲學和思想。

德拉尼安　貧困和飢餓是二十一世紀最重大的課題。其實以目前的經濟制度，只要從如何運用人才的觀點來轉變想法，問題便能迎刃而解。

池田　如何將 "心" 的要素，引入冰冷的資本主義經濟運作規則？世界的有識之士已注意到它的重要性。

我們絕對不能有"將自身幸福建立在他人不幸上"的想法。二十一世紀必須是一個追求自己與他人繁榮，即"自他皆幸福"的社會。為此，我們應該具有將他人的痛苦，視為自己痛苦的柔軟心，以及為他人奉獻的心。

我們必須要將此"開放的精神"普及世界。

❖ 無國界中的"區域統一"

德拉尼安 對於進展迅速的地球主義趨勢，我認為好的方面是對區域主義、國家主義、地方主義的潮流具有抵抗的作用，因為能使民主主義朝擴大和深化方面去發展。

池田 尤其近幾年來，區域主義備受注目。地球主義與區域主義乍聽之下，好像有所矛盾，其實不然。

德拉尼安 是的。兩者的相互刺激下，可促成各自的健全發展，因為區域共同體的存在，使得區域內的國家和都市，可避免地球化所引起的種種弊端。另一方面，若能尊重區域內的多樣性，實現和平且民主的理想區域共同體，那麼將成為走向地球公民社會很珍貴的範例。

池田 目前世界各地進行着各種形式的區域統一，特別是自 1999 年 1 月開始的歐元統一，被認為是人類史上偉大的實驗而備受矚目。可以預期的是，影響層面不僅是經濟，也擴展至政治和文化領域。

德拉尼安 沒錯。從前也成立過許多區域共同體。

歐洲各國在二次大戰後，為了回應美國的經濟支配，有了一連串的防範政策。首先是成立歐洲共同體（EC），爾後發展為歐洲聯盟（EU）。隨着歐洲經濟統一的進展，美國也主導成立包括加拿大和墨西哥的北美自由貿易協定（NAFTA）。

此外，東南亞與中南美洲發展中國家，也了解經濟上的團結所帶來的利益。繼 EU 之後，東南亞國家聯盟（ASEAN）可說是區域統一最成功的例子。而中南美洲則形成了南方共同市場（MERCOSUR），也建立了美洲國家組織（OAS）。

非洲方面，有非洲統一組織（OAU），阿拉伯世界有阿拉伯聯盟等，許多國家都屬於區域共同體。

池田 推動這區域統一的背景不一，不僅是因為有效分配資源及區域內貿易自由化所帶來的利益，也有產業基礎的社會資本及分擔制度成本等經濟面的好處。令人期待的是因為推動統一，人們克服過去的仇恨，順利地建構起和平的友好關係。

德拉尼安 我也這麼想。歐洲共同體"不戰的制度"正在確立中，東南亞國家聯盟也自成立以來，避免了可能發生戰爭的區域紛爭。

池田 雖然困難重重，但"歐元"實現單一貨幣的背後，據說是"貨幣統一使歐洲不會發生戰爭"因為人們對和平堅強的信念所致。

從前歐元圈的各國政府，將貨幣發行權這國家重要權限，委任給歐洲中央銀行和歐洲委員會。結果是國家的存在感相對下降，區域內的國界牆面逐漸降低。

德拉尼安　今日的歐洲共同體，在國家無國界的同時，加盟國地方分權化也在進展中。具有區域共同利益的都市、地方和團體等，似乎也超越國家框架迅速結合中。

池田　回顧歷史，大部分的戰爭，都是發生於鄰國或附近國家。看到各地的區域共同體，能在區域防止戰爭的事實，就會想到目前尚未進行區域統一──尤其是包括日本與中國、朝鮮半島的東北亞，亟需成立區域共同體。

　　我於 1998 年 5 月訪問韓國時，曾與慶熙大學校長趙永植 ⑬ 博士會談，趙博士也主張成立"東北亞共同體"。

德拉尼安　確實，東北亞的和平是國際社會的重要課題之一，應早日着手進行。

池田　趙博士曾說："長久以來，戰爭不斷的歐洲也能成立EU，為甚麼只有東北亞沒有呢？歐洲已逐漸成為一個國家，東北亞的日本、韓國加上中國，必須合作成為一個共同體才對。""想想看，日本、韓國和中國如果能合作，加上亞洲太平洋國家的美國以及俄國，在這樣的環境中，誰還會想到戰爭呢？如此一來，北韓必定會認為'只有和平一途了'。"

　　始終對東北亞和平提出倡言的我，也有相同的想法。因此我們相約，迎向二十一世紀，慶熙大學與創價大學將依各國的立場，一同努力及合作。

❖ 解決中東問題的關鍵

池田 總之，2000 年 6 月，分裂半個世紀以上的南韓與北韓最高領導人進行會談，感受到歷史巨大潮流的應不只我一人。

德拉尼安 這是劃時代的對談。對於一有機會就再三建議兩國領導人必須會談的池田會長，一定感慨良多。

池田 是的。我更加堅信，不是紛爭和對立，對話的時代已經到來。不論是南韓或北韓，我都希望他們能平等而幸福地生活，因為他們本來就是同一民族。

除了朝鮮半島，我想談談另一個國際政治焦點——中東問題。

2000 年 7 月，在美國調停下，以色列與巴勒斯坦展開對話。博士是這方面的專家。其實日本人對於中東地區，因距離與心理因素，總覺得是非常遙遠的國家。所以我想藉由這個機會，請教博士的看法。

德拉尼安 阿拉伯與以色列的紛爭，毫無疑問是世界上最複雜且悲慘的問題。它的成因有久遠的歷史背景，根本解決恐怕需時多日。此紛爭不是一般人想像的宗教紛爭，而是宗教的偏激主義，不必要地使紛爭惡化。

池田 換個角度來說，雖然困難重重，但解決的方法還是有的，重要的是不悲觀，尋求更為具體的解決之道。

德拉尼安 如您所說，猶太教徒和回教徒原本在西亞細亞和平渡過了幾個世紀，猶太人在阿拔斯王朝和奧斯曼帝國曾擁有學者和管理職等的重要地位。而在伊斯蘭社會，他們以具有自治權的宗教團體受到保護。

池田 改變了和平現狀的是希特勒。

德拉尼安 是的。由於英國的指示，歐洲猶太人移民到巴勒斯坦，而阿拉伯人便被趕出他們的家園和農場。

　　起初為了給新移民的猶太人一個棲身之處，猶太官員便向阿拉伯的地主買地，在此以前阿拉伯人土地即使易主，佃民仍可留在該土地上，可是從此以後，他們必須離開土地。

池田 這麼一來，兩者關係完全改變，共生關係演變成緊張關係，紛爭由此產生。

德拉尼安 從 1930 年到 1940 年代，移民問題加深了猶太人與阿拉伯社會的緊張和對立。雙方民族主義日盛，欲脫離英國的殖民統治，而英國為了爭取雙方在戰爭中的協助，遂與猶太和阿拉伯雙方訂下"祖國"的約定。

池田 大國的自私與獨斷，使問題更加複雜。

德拉尼安 是的。1947 年英國即將撤退時，聯合國以投票方式，決定將巴勒斯坦分成猶太和阿拉伯兩個國家。翌年，以色列宣佈獨立，阿拉伯卻拒絕分割，開始襲擊以色列。

池田 這是 1948 到 1949 年的事，也成為日後 1950 年代、1960 年代、1970 年代四次中東戰爭的起點，是犧牲了無數生命的慘烈戰爭。

　　我非常關心中東問題，曾與當時的美國國務卿基辛格交換意見。以色列從戰爭中得到了西方軍事與政治上的援助，擴大了領土。

德拉尼安 爾後阿拉伯與以色列實現和平的過程，是從埃及總統沙達特（當時）訪問以色列開始的。

1979 年以色列與埃及，簽訂了大衛營同意書（Camp David Accords），約定階段性地從以色列的西奈（Sinai）半島撤退，但幾個重要問題還是沒解決。一是以色列合併哥蘭（Golan）高地的問題。二是以色列佔領約旦河西岸的問題。三是以色列片面宣佈耶路撒冷為首都的問題。四是巴勒斯坦人與猶太人在西岸的衝突。五是遣返巴勒斯坦難民的問題。六是西岸是否有巴勒斯坦國家獨立的問題。

池田 解決這些問題的關鍵在哪呢？

德拉尼安 問題在於雙方各自主張領土是自己的。所以這不是正與邪的戰爭，而是兩個沒有錯的人的戰爭。我們要看清楚這一點。

我認為雙方應該停止責備對方，放棄排他主義的國家觀。

池田 最高領導者必須要有彈性的思維，解決的勇氣與決斷力，更重要的是反省過去的悲劇，抱持相互合作的態度。因為在合作中，能產生理解的基礎，雖然是國家與國家的事情，但彼此都是人。我還是充滿希望，抱持樂觀主義。

德拉尼安 是的。我覺得基於正義的解決方法，是確立同為猶太教徒、回教徒、基督教徒之共同聖地耶路撒冷的共同統治權。同時，在雙方的聯合協助下，統治約旦河西岸的新巴勒斯坦國家。

當然詳細的處理過程，應交由經驗豐富且賢明的調停者或仲裁者。長遠的歷史告訴我們，今日最需要的正是和平。希望他們學習猶太教徒、回教徒、基督教徒曾經和平共存的史實。

池田　誠摯希望他們朝此方向前進。

雖說是將來的事，但在思考二十一世紀中東局勢時，我期盼在那裏生長的青年們的未來。只要想到阿拉伯與以色列青年越過國界，互相交流的情形，就會感到未來的美好。以此為目標，我們盼望大力推動教育的交流。

德拉尼安　打開教育交流的大道，是非常好的構想。在歐盟，為了培育尊重區域內多樣文化和語言的歐洲公民的一體感，已經在嘗試推動名為"蘇格拉底計劃"的大規模學生交流計劃。

再回到區域統一的話題，這不僅在於和平的層面，別的層面也蘊藏着重要的可能性。換言之，區域統一也能成為經濟和文化走向世界融合的跳板。

池田　區域統一的成功，將成為鞏固世界團結與民主的推動力。

德拉尼安　是的。現在依 NAFTA、EU、日本、MERCOSUR 的順序，成立很大的市場，中國也會在二十年左右，趕上美國和日本的經濟成績。如果持續以一定速度發展——不，即使稍微慢下來，中國在二十一世紀前半期，還是可能成為世界最大的經濟國家。

這些區域地區和經濟大國，不僅要共存，更要找出共榮的道路，這是顯而易見的事。否則，正如非洲諺語所說"大象相鬥小草遭殃"，大國之間的紛爭，將使中小國家嚐食苦果。

池田　為了走向自由貿易的世界，終於在 1995 年根據關稅暨貿易總協定（GATT），成立多邊協議的機構世界貿易組織（WTO），為改變現今國際經濟弱肉強食的規則，或只對少部分國家有利的制度，形成一個能維護一切國家尊嚴的新制度。

您認為 WTO 應扮演怎樣的角色？

❖ 促進多樣性與共榮的"開放區域主義"

德拉尼安　WTO 應設法消弭富國與窮國、大國與小國、大企業與小企業間尖銳的對立，進而促使彼此互助合作，以加強解決紛爭的機能。藉由普遍性、透明性與自由的原則，形成過去的貿易關係。

誠如甘地所說："對所有人而言，這個世界上有足夠的東西。但對貪婪的人而言，卻是不夠的。"

不論大國或小國，所有國家的經濟都應有充分地成長和多樣化。應當統一的世界市場，並非是劃一化的市場。

統一不等於劃一化。統一在團結中保存多樣性，但劃一化是以劃一為目標。多樣性是生，劃一性是死。

區域別的集團化，與產業的多樣化一樣，應該基於比較優位的原則，獎勵"獨特化"。全球化時代的貿易，應當是能夠孕育多樣化與獨特化及共同繁榮的貿易。我認為WTO應該將國際貿易帶往此方向才對。

池田　近來人們高喊"大競爭"(mega-competition)，在這口號下，一切似乎都在競爭的波濤中，但是再這樣下去，不能乘風破浪的國家和人們將落後下來，世界的差別和疏遠將有長期固定下來的危險性；而這又可能以紛爭、恐怖行動、難民等形態"回流"到各國，形成惡性循環。

基於此意義，我贊成博士所說尊重多樣與獨特，同時摸索共存共榮之大道的見解。我覺得區域共同體也應當順着此潮流，不論區域內外，共同走向建構貿易的多樣性。為此目的，正如您所說，WTO實具有提示定義和促進"開放的區域主義"此方針的必要。

德拉尼安　"開放的區域主義"這個觀點，不僅在政治和文化方面，對於將來的世界也愈來愈重要。

池田　相反地，區域共同體對於集團外的區域，在政治或經濟上採取封閉的態度，或是暴露出"區域利己主義"，加深彼此摩擦的話，必將造成歷史倒流的危險。

德拉尼安　是的。區域共同體如果變成排外的"堡壘"，必將成二十一世紀世界和平與安全的新威脅。尤其是世界不景氣更加惡化，各國被納入集體軍事同盟時，更是會如此。

"變成堡壘的歐洲"對"變成堡壘的美國"對"變成堡壘的亞洲"，在這構造形態下是不可能展望和平的。

池田　如何克服這樣的"封閉性"與"排外性"，將是今後的課題。如何使區域統一的力量，不消耗於"分裂"和"對立"的負面方向，而用於建構"和平"與"共存"的世界秩序——其成功與否，必將成為決定二十一世紀動向的關鍵。

正如之前所說，最後的關鍵主角既不是政府，也不是經濟市場，而是"人"，若沒有民眾彼此間"坦誠"的對話和交流，任何嘗試都是枉然。

❖ 以徹底的自覺"選擇"未來

池田　作為我們"二十一世紀的選擇"對談的總結，現在來談談開拓未來的"人類的力量"。

未來當然不是從天而降，新的時代惟有人類開啟其大門才會開始。所謂"選擇"，可以說是人類毅然打開未來的意志力。在這裏我所說的"選擇"，不是"A還是B"這樣不知如何是好的選擇，而是必須以一個人的人格及其存在為賭注，進退維谷的決定，誠如甘地所說："因為不能做其他的人，才成為非暴力主義者。"

德拉尼安　"選擇"本來就是很沉重的，是人類面對未來所作挑戰的同義詞。畢竟在人生中，即使想做自己希望做的事情，但嚴格來說並不完全是自由的；人的自由是有限度的。

首先，會受到自然和社會環境此命運或業的束縛，同時無論是直接或間接地，限定每一個人的體制（例如家族、學校、工作、經濟、政治等），以及對於某種關係或活動的忠誠度，都使人的自由受到束縛。

選擇，可以說是在自覺這種束縛之中，行使最大限度的自由、意識性的決定過程中的活力。我們的自由，是在理解甚麼是必要的時候，變成最大。反過來說，當人自覺這些束縛時，最能行使自由。

池田　這段話含意深遠。人以強烈的自覺選擇未來，在這樣的精神作為之中，脈動着真正的自由。博士的主張，與佛法的觀點相通。

"應為心師，毋師於心"是釋尊囑咐的一句話。

自由絕不是隨意而放縱的。佛法教示，銘刻在自己生活深處，遵循大法才是真正的自由。不為周遭環境所左右，也不被自身小小的慾望所操弄，更不是順着命運隨波逐流——正如博士所說，選擇是人類極為自主和根本的行為。

德拉尼安　傳統的社會，往往相信命運，而現代社會則強調人的自由。但事實上，外力的威脅、所處的制度、社會的背景都影響着我們的行動——亦即一定會有某些程度的限制。就是在此狀況下，才要有選擇這個行為。

池田　"選擇"這句話，使我想起已故好友諾曼‧卡曾斯⑬在《人的選擇》（*Human Option*）一書中的一段話。"至今，我學習到最重要的教訓，是創造新的選擇；行使這個選擇的能力，是人類獨有的要素之一。……我相信，人類的能力是無限的，人類所挑戰的任何問題，都不會超過人類的理解力和解決能力。"

這是多麼充滿希望的話語。卡曾斯博士思想脈絡中正面的"樂觀主義"，也是我的座右銘。

德拉尼安　我相信最終，愛、慈悲等心靈作用，將浸透到人際關係和社會之中，有如滴水穿石般……。

池田　我相信"人性改革"的堅決志向，根源於絕對信賴人類的"樂觀主義"，以及以此為共同精神基礎的"文明間的對話"，正是把人類從蔓延着犬儒主義的現代深沉的黑暗中，拯救出來的原動力。

卡曾斯又說："前往更好世界的出發點是，相信真的有這樣世界的堅定信念。"我們應該努力的是以此樂觀主義，看着世界和時代朝向應有的方向。

❖ 認知上是悲觀主義，意志上是樂觀主義

德拉尼安　前面我們說過，意大利思想家安多尼奧・葛蘭西（Antonio Gramsci），曾提倡"認識的悲觀主義"與"意志的樂觀主義"這"雙層挑戰"。雖是難題中的難題，但我認為池田會長正以自身的實踐，展現出一種可行的方法。

會長您在著作中，沒有流於安逸的樂觀主義，始終是

正視現實，並且是批判與實際的。尤其是二十世紀留下了"戰爭與殺戮"的負面遺產，或許有人持着悲觀的看法。

而在實踐方面，會長證明了中國諺語所說"與其在黑暗中咒罵千遍，不如點一支蠟燭"。會長以自身的行動，在世界一一點燃了和平、文化與教育的明燈。能夠與會長一同挑戰"文明間的對話"這特別的嘗試，是我最大的榮幸。

池田　不敢當。博士的話，我願意當成是對我過去的肯定，而且是對我今後行動的溫馨期待。

這令我想起大約二十五年前，與湯恩比博士對話時的事。以千年為單位來看待歷史的湯恩比博士說："未來的歷史學家，若要撰寫我們的時代，會寫甚麼呢？他們可能不會去關心民主主義和共產主義的結局。他們所注目的，可能是'基督教與佛教，實現高層次互相理解與交流時，會產生怎樣的情況。'"

雖然說的是基督教和佛教的對話，但更進一步來說，就是這次我們希望達成的"文明間的對話"，這是對"地球一體化"這人類應該前進的方向，所最需要的行動。湯恩比博士強調這一點。

湯恩比博士在對談結束時對我說，希望我"繼續這樣的對話"、持續"連結文明與文明的對話"。繼承他的"心志"，我一直與世界有識之士對話至今。我們的對話，或許是樸實，但我深信必將成為開啟歷史的新頁。

德拉尼安　我深有同感。伊斯蘭神秘主義認為，人類精神的發展是"一種旅程"。在這意義上，"和平"也是旅程，無法立刻到達終點，但重要的是去探求。

今日世界，紛爭和對立仍然不斷，但最重要是不放棄前進。

池田　是的。人絕對不是屈服於自己命運、可憐而又無力的存在，如果是這樣，這是人的失敗。人的生命本來就具有無限的力量，我們絕對不能放棄主導建構未來的權利。

❖ "友情"最能擴大和平

德拉尼安　是的。人之所以為人，就在於這一點。

1992 年首次與會長見面時，我有如發現了一位精神共鳴的同志。這件事使我感慨萬千。隔天，我將心情寫成詩，題曰"友情的禮物"：

初逢的二人
超越時間和空間
超越不同的語言
成為能談論的友人
我們兩人
形成了沒有束縛的友誼
沒有國家同盟的精神王國
心底的語言比口頭上的語言

既甘美又不扯開我們

它帶來的是

在渴求超越中

超越了彼此的時間和空間

語言和苦難的

固定與脆弱

使二人成為一體的歡欣

池田　謝謝您。我深深感受到博士的真心誠意，精闢地表達出我們今天的對話。

這個世界上，經常有截斷人與人的羈絆，分裂世界與世界的力量。但我深信，絕對沒有不能克服的對立。我們必須以"善"的力量，與"惡"的力量鬥爭到底。

為此，我們必須立足於超越一切不同的"人性"大地，建構起堅固的民眾連結。真正的"對話"，將扮演形成善良民眾之連結的"紡線"。

"友情"是人生最美和最珍貴的寶物。友情不是甚麼特別的東西，為朋友着想、說到做到，遵守約定的事，這就是友情。擴大人性根本的友情，就等同擴大和平。看似遙遠，其實是最確實、永遠不會崩塌的道路。

博士是與我同樣走向"和平旅程"的珍貴同志。

讓我們一起前進吧！

向着永遠和平的理想。

讓我們共同走向，

連結人類的新精神絲路。

注釋

第一章　佛教與回教──和平的對話

1.　戶田紀念國際和平研究所　以創價學會第二代會長戶田城聖的和平思想為原點，為創造永久和平及擴大國際和平的網絡，於 1996 年 2 月 11 日設立的研究機構。

2.　曼德拉（Nelson Mandela）　1918 年生，參加反種族歧視運動，以叛國等罪名被判無期徒刑，經二十七年牢獄生活，於 1990 年獲釋。1994 年當選南非總統。

3.　甘地（Mohandas Karamchand Gandhi）　1869 － 1948，印度獨立運動的領導者，因抵抗英國的殖民統治，展開非暴力運動。二次大戰後贏得印度的獨立，卻被狂熱的印度教徒所暗殺。

4.　伊馬姆・列札（Imam Reza）　765 － 818，回教西亞派的領導者，799 年即位。伊馬姆在《古蘭經》有規範，是領導者之意，也是西亞派對最高領導者的稱呼。

5.　《古蘭經》　回教的中心聖典，是阿拉下賜穆罕默德的啟示記錄，為回教徒信仰生活的依據。

6.　戶田城聖　1900 － 1958，創價學會第二代會長。出生於日本石川縣，在北海道渡過少年時代。爾後前往東京，拜創價學會初代會牧口常三郎為師，共同創立創價教育學會（創價學會的前身）。二次大戰時，以違反治安維持法，和牧口會長被捕入獄，牧口會長死於獄中，戶田過了兩年的牢獄生活。戰後，致力於創價學會的發展，著有《推理式指導算術》、《戶田城聖全集》等。

7.　牧口常三郎　1871 － 1944，地理學家、教育家，創價學會初代會長。為了實踐基於美、利、善之價值論的創價教育學說與日蓮佛法的信仰，創立創價教育學會（創價學會的前身）。二次大戰時，因批判軍國主義和國家神道，以不敬罪、違反治安維持法坐牢，死於獄中。

8. 馬丁‧路德‧金（Martin Luther King） 1929 － 1968，美國黑人運動領導者。主張非暴力主義，領導美國黑人的人權運動。1964年獲諾貝爾和平獎。1968年被暗殺。

9. 努爾‧亞曼（Nur Yalman） 1931年生，美國哈佛大學教授。英國劍橋大學博士，曾任劍橋大學講師、芝加哥大學教授，1972年出任哈佛大學教授。曾兼任哈佛大學中東研究所所長及人類學院院長、日本《朝日新聞》論壇"二十一世紀之日本"委員會委員。著有《在菩提樹下》等。

10. 湯恩比（Arnold J. Toynbee） 1889 － 1975，英國歷史學家，確立以文明之盛衰為基礎的歷史觀。著有《歷史研究》十二卷、《民族與戰爭》等。與池田SGI會長進行對話，出版對談集《展望二十一世紀》。

11. 戈爾通（Johan Galtung） 1930年生，挪威出身的和平學創始者，並創立奧斯陸國際和平研究所。主要著作有《和平研究論集》六卷、《佛教——尋求和諧與和平》、與池田SGI會長的對談集《和平的選擇》等。

12. 薩迪（Saadi） 約1184 － 1291，伊朗詩人。周遊回教各國三十年，返國後發表散文集《真境花園與果園》、《薔薇園》為最高教育、道德書，被譯成各國文字，廣受歡迎。

13. 魯密（Rumi） 1207 － 1273，伊朗神秘主義詩人。創立以揮舞的托缽僧馳名的美華列維教團，其所著詩集《精神的馬斯那維》，被稱為波斯語的《古蘭經》。

14. 塞繆爾‧亨廷頓（Samuel Huntington） 1927 － 2008，哈佛大學教授，美國政治學家，並參與美國安全保障會議等，為代表美國的戰略論專家。

15. 蘇格拉底（Sokrates） 約公元前469 －公元前399，古希臘哲學家。以獨特的"問答法"，意圖令人們對道德有正確的認識，但被民主政派提出告訴判處死刑，被迫服毒自殺。

16. 蒙田（Montaigne） 1533 － 1592，法國思想家，以柔軟的懷疑精神探討人的本質。著有《愛瑟》。

17. 西塞羅（Cicero） 公元前 106 －公元前 43，古羅馬政治家、作家和哲學家。公元前 63 年就任統領，爾後被祖國流放，渡過變化多端的人生。留下許多著作，其文體成為拉丁散文的模範。

第二章　寬容與多樣性——地球文藝復興的精神

18. 艾德華・薩依德（Edward Said） 1935 － 2003，巴勒斯坦人，出生於耶路撒冷，十五歲前往和歸化美國。1969 年出任哥倫比亞大學教授，以思想層面研究殖民地主義和知識分子之角色，為美國的代表性學者。

19. 貝爾福（Balfour） 1848 － 1930，英國政治家。1917 年首相時代，曾發表支持猶太人在巴勒斯坦建國的"貝爾福宣言"，惟英國已支持該區的阿拉伯人自奧斯曼帝國獨立，成為"雙重外交"，成為後來阿拉伯與以色列對立的原因。

20. 克羅默（Cromer） 1841 － 1917，英國行政官，1883 年至 1907 年出任英國代表兼總領事，成為埃及的統治者。他除了安定國情、力排列強干涉外，也抑制產業的發展，以維持埃及的隸屬狀態。

21. 穆罕默德（Muhammed） 約 570 － 632，回教的創始者，被認為是受唯一神阿拉啟示的最後預言家。

22. 巴布羅・畢卡索（Pablo Picasso） 1881 － 1973，僑居法國之西班牙畫家和雕刻家。創始立體派，後來引進超現實主義，發展出獨特的畫風，開啟了現代繪畫的道路。其代表作（Guernica）馳名於世。

23. 伊斯蘭曆 亦稱希儒拉曆，是"聖遷"之日。以公元 622 年 7 月 16 日為紀元元年 1 月 1 日。太陰曆。

24. 亞里斯多德（Aristoteles） 公元前 384 －公元前 322，希臘哲學家，柏拉圖的徒弟，被認為是集古代學問之大成的"萬學之祖"。

25. 伊本・路西德（Ibn Rushd） 1126 － 1198，活躍於伊比利半島

的阿拉伯哲學家、科學家和醫師。擁有許多著作，尤其關於亞里斯多德的研究和注釋，對後世影響極大。

26. 伊本・西那（Ibn Sina） 約 980 － 1037，伊朗哲學家、醫學家，精通神學、天文學等。著有《治癒之書》、《醫學典範》等。

27. 狄奧多・阿多諾（Theodor W. Adorno） 1903 － 1969，德國哲學家，法蘭克福學派代表性思想家。批判近代產業社會的生硬化。

第三章　從對立到共生──豐饒時代的到來

28. 三草二木 《法華經》〈藥草喻品第五〉所説的譬喻。藥草雖有大、中、小草，大、小樹木之分，但如有雨，則一切藥草皆會成長般，如同人雖有不同，但只要接受佛的教誨，所有人都能成佛。

29. 泰戈爾（Rabindranth Tagore） 1861 － 1941，印度詩人、思想家，因詩集《吉丹加里》，獲諾貝爾文學獎。亦參與獨立運動等社會活動，對現代印度思想有很大的影響。

30. 種姓制度（The caste system） 為印度封閉性的階級身分制度，隨着社會的變遷而細分、複雜。其身分差別之固定化，妨礙了印度的現代化。

31. 蒙古帝國 1206 年成吉思汗建設的帝國。他統一蒙古諸氏族，征服周邊各國，擴大其版圖至亞洲的大半及俄國。1271 年，忽必烈統一中國，建立元朝。元曾經兩次遠征日本，皆無功而返。

32. 阿爾文・托福勒（Alvin Toffler） 1928 年生，美國未來學者和社會學家。曾任《幸運》雜誌副總編輯、康乃爾大學客座教授。主要著作《未來的衝擊》、《第三波》、《權力之轉變》，獲得世界性的迴響。

33. 《未來的衝擊》 1970 年出版，書中探討在加速變化的世界中，人類應如何才能生存的戰略。

34. 托克維爾（De Tocqueville） 1805 － 1859，法國歷史學家和政治家。主要著作《美國的民生》，敘述民主主義之發展的必然性，預測今日大眾社會的出現。

第四章 文明間的對話——各宗教的共存

35. 三位一體 為基督教的重要教義，神擁有父、子、靈三個位格，
其本質為一個實體的存在。

36. 瑪利亞（Maria） 生沒不詳，耶穌的母親。根據《新約聖經》記
載，她處女時因精靈受胎，生下耶穌，被尊崇為聖母，許多畫家
及雕刻家將之畫成宗教畫或作成雕像。

37. 摩西（Moses） 約公元前 1350 －公元前 1250，古代希伯萊的先
知，生於古埃及，率領希伯萊人走出埃及，由上帝耶和華授予"十
戒"。

38. 大衛（David） 生年不詳，約公元前 972 年逝，古代希伯萊（以
色列）王國第二代國王。他打敗近鄰敵國，奪取耶路撒冷為首
都，建立該王朝頂盛時期。在《舊約聖經》被傳說為英雄，於基
督教美術和文學中一再出現。

39. 耶和華（Jehovah） 是古代猶太教、尤其是《舊約聖經》所用上
帝的名字。這個神與摩西訂契約，奠定了以耶和華為唯一神之猶
太教的基礎。

40. 馬丁・路德（Martin Luther） 1483 － 1546，德國宗教家。批判
教會發行贖罪狀，發起了德國的宗教改革。

41. 安理・柯爾班（Henry Corbin） 1903 － 1978，法國哲學史家。
曾任奧多色珠德大學、德黑蘭大學教授。

42. 克利弗德・基爾茲（Clifford Geertz） 1926 － 2006，哈佛大學
人類學博士，曾任芝加哥大學教授、普林斯頓大學高等科學研究
所社會科學教授。其根據在瓜哇、巴黎、摩洛哥等地的田野調
查，研究宗教、社會組織與文化變貌等問題。

43. 塞內卡（Seneca） 約公元前 5 －公元 65，古羅馬哲學家，為皇

帝尼祿的家庭教師，尼祿即位後亦予以輔佐。後因尼祿暴政愈演愈烈而隱退，但仍以謀反嫌疑被迫自殺。

44. 霍休斯（Hosius） 1504－1579，波蘭天主教神學家，激烈反對其他宗派致力於波蘭天主教教會的組織化，而成立了波蘭最早的耶穌會。

45. 邁蒙尼德（Maimonides） 1135－1204，活躍於伊斯蘭世界的猶太教醫生、哲學家。出生於西班牙的科多巴，經由安達西亞前往埃及。他是艾猶布王朝第一位君主沙拉丁的御醫，領導過埃及的猶太教團。

46. 伊沃・安德里奇（Ivo Andric） 1892－1975，舊南斯拉夫作家。參加波斯尼亞青年民族運動時，因牽連塞拉耶佛事件而入獄，以此經驗發表詩集《從黑海》。爾後主要以現實主義的筆調，寫作波斯尼亞的生活。1961 年獲得諾貝爾文學獎。

47. 胡安・葛依迪索洛（Juan Goytisolo） 1931 年生，西班牙作家，以內戰經驗所寫的作品《愛爾・巴拉以索的決鬥》遭到查禁，因而亡命。之後仍繼續小說和評論等多方面的創作活動。取材於波斯尼亞內戰的《塞拉耶佛・筆記》一書，獲得極大迴響。

48. 笛卡兒（Rene Descartes） 1596－1650，法國哲學家。其以哲學的方法，懷疑一切而甚至到懷疑自己的存在，即 " 我思，故我在 "。其主張精神和物質的二元論，被視為 " 近代哲學之父 "。

49. 聖托瑪斯・阿奎那（St. Thomas Aquinas） 約 1225－1274，意大利神學家。尋求理性和信仰的調和，集大成學術派哲學。著有《神學大全》等。

50. 阿塔爾（Farid od-Din Attar） 約 1150－約 1220，與薩迪、魯密齊名的波斯文學三大神秘主義詩人。主要著作有《忠言書》、《神秘書》等。

51. 蕾切爾・卡遜（Rachel Carson） 1907－1964，美國生物學家和作家。她從事海洋生物研究之餘，也寫作《海風下》等有關海的詩情作品。晚年出版《寂靜的春天》,警告使用殺蟲劑將污染環境,成為環境問題的經典著作。

第五章　永遠生命的立場──意識與人生的變革

52. 柏拉圖(Plato)　公元前 427 ─公元前 347,古希臘哲學家,蘇格拉底的徒弟。主要著作有《蘇格拉底的辯明》、《國家》等。

53. 康德(Kant)　1724 ─ 1804,德國哲學家。意圖統合合理論與經驗論,展開了獨特的批判哲學,晚年發表了"永久和平論"。主要著作有《純粹理性批判》等。

54. 龍樹(Nāgārjunah)　約 150 ─約 250,印度哲學家。在理論上確立了大乘佛教,對於後世影響甚深。

55. 諸法實相　出現於《法華經》〈方便品第二〉、《大品般若經》卷三等,意味着一切存在、現象,皆為諸法,實相才為真實的情況。

56. 艾略特(Thomas Sleaans Eliot)　1888 ─ 1965,詩人、評論家。生於美國,後歸化英國。著有詩集《荒地》、詩劇《雞尾酒會》、詩論《批評論集》等。1948 年獲得諾貝爾文學獎。

57. 阿馬蒂亞‧森(Amartya Sen)　1933 年生,印度經濟學家,爾後出任劍橋大學托里尼迪學院院長。研究發展中國家的經濟時,分析貧困、失業、健康、分配不公等,而建立了新的理論。1998 年獲得諾貝爾經濟學獎,是首位獲此殊榮的亞洲人。

58. 尤努斯(Muhammad Yunus)　1940 年生,取得美國經濟學博士後,返回祖國孟加拉,辭去教職而設立"農村銀行",使許多貧困者的生活大為改善。獲得被譽為亞洲諾貝爾獎的麥克塞塞獎和其他許多獎項。

59. 美國獨立宣言　發表於 1776 年,由三部分構成,第一主張基本人權(追求生命、自由和幸福的權利)以及革命權,其次列舉英國國王的暴政,最後是十三州的獨立宣言。

60. 世界人權宣言　1948 年第三屆聯合國大會通過，規定一切人的基本自由權，以及在經濟上、社會上和文化上的權利。雖然不具有法律上的效力，但為所有國家和國民應該遵守的規範。

61. 馬克思（Karl Marx）　1818 － 1883，德國思想家。統合哲學、經濟學和歷史學，完成了辯證法的唯物論和唯物史觀。

62. 戴安娜王妃（Diana）　1961 － 1997，曾是英國皇太子妃。原是幼稚園保母，1981 年與查理王子結婚，1996 年離婚。此後，致力於慰問癌症患者，從事撤除地雷活動，為紅十字會募款等。1997 年欲擺脫狗仔隊的跟拍，車禍過世。

63. 德蘭修女（Theresa）　1910 － 1997，天主教修女，奉獻社會的活動家。雙親為阿爾巴尼亞人，1928 年前往印度加爾各答，擔任教師，1948 年以後住進貧民區，照顧貧民、孤兒和痲瘋病患。1979 年獲得諾貝爾和平獎。

第六章　"宗教精神"的蘇生——創造價值的靈魂

64. 田立克（Paul Tillich）　1886 － 1965，宗教哲學家，出生於德國，受納粹迫害亡命美國。曾任哈佛大學教授。他嘗試神學與存在哲學、宗教與文化等的創造性對話，以展開其獨特的思想。1960 年前往日本，注目東方的宗教與文化。曾於芝加哥大學最後一堂課上談到："未來的神學，將產生於與東方宗教史的對話中。"著有《活下去的勇氣》等。

65. 奧斯維辛（Auschwitz）　1940 年設於現今波蘭的集中營。有猶太人等逾一百五十萬人被納粹所殺。

66. 維克多・佛蘭克爾（Viktor Emil Frankl）　1905 － 1997，奧地利精神醫學家。他以在奧希維茲集中營的親身經驗，創立存在分析的精神治療法。所著的《夜與霧》一書，引起世界性的迴響。

67. 葛蘭西（Antonio Gramsci）　1891 － 1937，意大利共產黨的領導者，被法西斯政權關入監獄，病死獄中。死後，龐大的雜記等以《葛蘭西全集》出版，其獨特的馬克思主義思想，獲得很高評價。

68. 拜火教　波斯預言家瑣羅亞斯德（Zaroaster）於西元前六世紀所創，崇拜善神阿胡拉、馬茲達（Ahura Magda）之象徵的太陽、星、火等。在沙山朝波斯被當作國教，廣及中亞細亞各地，七世紀後隨着回教的興隆而迅速衰落。

69. 佛性　佛的本性，為成佛的可能性。大乘佛教認為，一切眾生皆具有成佛之因。

70. 常不輕菩薩　出現於《法華經》〈常不輕菩薩品第二十〉。據說於威音王佛滅後像法年間之末，雖受迫害，卻倡說“二十四字之法華經”，尊敬、禮拜所有的人。

71. 米利特制　奧斯曼帝國公認的制度。帝國政府對於非回教徒系住民所構成的宗教共同體（米利特），在立法、司法各方面，皆給予大幅度的內部自治權。

第七章　“地球文明”的創造——達至和平的第三條道路

72. 史賓格勒（Oswald Spengler）　1880－1936，德國思想家、歷史學家和文化哲學家。其巨著《西方的沒落》，說明文明與生命一樣，皆會經過誕生至沒落的過程；而西方文明已接近終點。

73. 韋伯（Max Weber）　1864－1920，德國社會學家，建立社會科學研究的方法論，並作為文明評論家留下功績。

74. 弗洛伊德（Sigmund Freud）　1856－1939，奧地利精神醫學家。透過歇斯底里治療法的研究，建構了自己的精神分析學體系，在社會科學等各領域有顯著的貢獻。

75. 索羅金（Pitirim Sorokim）　1889－1968，俄國社會科學家，後亡命和歸化美國。研究社會變動論和農村社會學。

76. 諾貝特‧艾利亞斯（Norbert Elias）　1897－1990，德國社會學家。

以雅斯貝爾斯、胡塞爾為師，曾任法蘭克福大學名譽教授。著有《文明化之過程》、《何謂社會學》、《瀕死者之孤獨》等。

77. 愛德華・泰勒（Edward Tylor） 1832 － 1917，英國人類學家。從進化論的文明論立場，建立了有關文化的科學研究基礎。

78. 米歇爾・傅柯（Michel Foucault） 1926 － 1984，法國結構主義哲學家。他認為界定各時代之知的看法，決定了社會制度或權力關係，並批判近代西歐的合理主義，予以相對化。

79. 諾姆・喬姆斯基（Noam Chomsky） 1928 年生，美國語言學家，主張語言為一切人所擁有的固有的心理機構，並確立文法理論。

80. 耶穌會　成立於十六世紀，為羅馬天主教教會的男性修道會。以嚴格的規律為基礎，對全世界進行傳教活動。

81. 美日和好條約　日本放棄鎖國政策，直到開國所訂下的劃時代條約。日本同意開放下田、函館兩港最惠國待遇和領事裁判權等。爾後，日本也與英國、俄國等國家，簽訂了同樣的條約。

82. 肯尼斯・J・亞羅（Kenneth Joseph Arrow） 1921 年生，美國經濟學家，曾獲得諾貝爾經濟學獎，研究一般均衡理論和社會選擇理論等。

83. 西蒙・威爾（Simone Weil） 1909 － 1943，法國存在主義思想家，很早即參與社會運動以實踐自己的思想。曾經參加西班牙內戰和法國解放運動等，在祖國解放前一年客死英國。

84. 蓋亞假説（The Gaia Hypothesis）　是以地球為一個生命體，保持全體的和諧而成立的一種推想。蓋亞是希臘神話大地的女神。

85. 馬丁・布伯（Martin Buber） 1878 － 1965，維也納哲學家，因受納粹迫害遷往以色列。主張人與某種結合的關係性，有〝我、它〞、〝我、你〞兩種，加深後者的關係（重視相互的主體性和對話），將遇到更〝永遠的你〞。主要著作《我與汝》，對於哲學以外的領域也有相當地影響。

86. 漢斯・摩根索（Hans Joachim Morgenthau） 1904 － 1980，美國國際政治學家，導入國際政治的本質在於各國的權力鬥爭與追求國家利益之概念，主張從現實的立場，互相尊重國家利益，以維持和平。

87. 世界人權會議　由 171 個國家以及約 1,500 個非政府組織參加，通過"維也納宣言及行動計劃"。宣言內容包括：建議創設聯合國人權高級專員、抨擊歧視女性和民族淨化（ethirc cleansing）等。

88. 漢穆拉比法典　約公元前十八世紀，由古代巴比倫的漢穆拉比王所制定，為現今所存世界最古老的成文法之一；以"以眼還眼，以牙還牙"的復仇法馳名。內容包括刑法、民法和商法等。

89. 十戒　是人們認為上帝透過先知摩西，給予以色列人民的十條戒律；簡潔地明示出猶太教的規範。

90. 大憲章（Magna Carta）　1215 年英國封建貴族迫使國王承認的特許狀，其中明文規定課稅要經過貴族同意等，限制了王權的法律支配原則。為英國憲法之始。

91. 安森柏格（Hans Magnus Entzenberger）　1929 年生，德國詩人、評論家。以尖銳地批判社會不公的詩集和評論，以及自行創刊和編輯的雜誌等馳名。主要著作有《狼狗的辯護》詩集，評論書《政治與犯罪》等。

第八章　精神的"內發性"——照耀人類的普遍光芒

92. 陰陽　中國《易經》所說相反性質之兩種氣。如晝與夜、男與女、動與靜等關係，認為宇宙的一切，皆由陰、陽此根源之氣的消長而成立。

93. 卡爾・波柏（Karl Popper）　1902 － 1994，奧地利哲學家，主張知識係透過合理的假設之提出和批判，提倡以試行錯誤地成長的"批判的合理主義"，給予現代科學很大的影響。

94. 尼札姆・穆爾克（Nizam al-Mulk）　1017 － 1092，色爾注克朝

時期伊朗政治家，曾出任首相約三十年。其對於君主所論述的著作《政治書》，是研究政治史很重要的史料。

95. 法拉比（Farabi） 約 870 － 950，土耳其系阿拉伯哲學家，被認為是伊斯蘭哲學史上，次於亞里斯多德的大學者，被尊稱為＂第二師＂。主要著作有《理想國家論》等。

96. 馬基維利（Machiavelli） 1469 － 1527，文藝復興時期意大利外交官、政治家，以為達目的不擇手段之＂馬基維利主義＂為基本的《君主論》一書而馳名。

97. 霍布士（Hobbes） 1588 － 1679，英國哲學家，主要著作《李排亞散》中，關於人民與國家間＂契約＂的主張，成為人民革命之理論根據的社會契約論原點。

98. 洛克（John Locke） 1632 － 1704，英國哲學家。從自然法的契約說立場，正當化英國的光榮革命，承認人民革命權的思想，也影響了美國的獨立革命等。

99. 盧梭（Rousseau） 1712 － 1778，法國思想家。在《社會契約論》中主張人民主權的共和制，予法國革命很大的影響。主要著作另有《愛彌兒》、《人類不平等起源論》。

100. 尤爾根・哈貝馬斯（Jurgen Habermas） 1929 年生，代表戰後法蘭克福學派的理論家。以與坡巴有關實證主義論爭，在國際上著作、活動頻繁而馳名。有《理論與實踐》、《認識與關心》等諸多著作。

101. 哈菲茲（Hafez） 1326 － 1389，伊朗詩人。在波斯文學史上，被稱為敍情詩的最高詩人，有＂奇怪之舌＂的封號。對世界影響甚大，尤其歌德的《西東詩編》，被認為是深受《哈菲茲詩集》感動而創作的。

102. 大夏國（Bactria） 約公元前 255 －公元前 139，由亞歷山大大帝東征時留下來的希臘人子孫所領導，從敍利亞獨立。保持希臘時期文化。公元前三世紀末入侵西北印度。

103. 馬鳴（Ashvagosha）　約 100 －約 160，活躍於二世紀的佛教學家。受迦膩色迦王的尊崇，貢獻佛教的發展和普及。被認為是對後世許多佛教古典多有影響的著作者。

104. 哈維爾（Vaclav Havel）　1936 年生，捷克政治家、劇作家。1989 年以市民論壇代表，要求共產黨的改革和民主化，進行絲絨革命。同年 12 月就任捷克斯洛伐克總統。1993 年因捷克與斯洛伐克分離，就任捷克首任總統；1998 年競選連任。

105. 吉卜林（Joseph R. Kipling）　1865 － 1936，英國作家、詩人。出生於印度，根據旅行世界各地的經驗，發表了《密林之書》、《基姆》等代表作品。1907 年獲得諾貝爾文學獎。

106. 托爾斯泰（Leo Tolstoy）　1828 － 1910，俄國文豪。其代著作有《戰爭與和平》、《安娜‧卡列尼娜》、《復活》等。

第九章　人類的安全保障——邁向無核武器的世界

107. 禁止原子彈氫彈宣言　1957 年 9 月，戶田第二代會長在橫濱三澤運動場，向五萬名青年發表的宣言。他宣言世界民眾皆有生存的權利，批判使用原子彈氫彈武器者，是威脅它的妖魔。

108. 地球民族主義　超越國家、人種、文化等壁壘，將地球上共同生存的全體人類視為一個民族的思想。

109. 約瑟夫‧羅特布拉特（Joseph Rotblat）　1908 － 2005，生於波蘭，英國物理學家。1955 年在以廢除核武為目標的 " 羅素——愛因斯坦宣言（Russell-Einstein Manifesto）" 上署名。1957 年，致力於創辦討論實現核武裁減之方法的 " 帕格沃什會議（Pugwash Conferences）"。1973 年為止，擔任第一任的事務局長，之後就任會長。1995 年獲得諾貝爾和平獎。

110. 大衛‧克里格（David Krieger）　1942 年生，核時代和平財團所長。夏威夷大學、舊金山州立大學教員。越戰時期貫徹 " 良心的拒服兵役 "。著有《防止偶發的核武戰爭》、《世界公民》等。

111. 西發里亞和談條約（Westphalia） 1648 年，為終結三十年的戰爭，德國與法國、德國與瑞典之間所簽定的各項條約。

112. 加利（Boutros-Ghali） 1922 年生，埃及政治家、政治學家。1992 年至 1996 年擔任第六任的聯合國秘書長。

113. 互聯網 連結美國大學及研究所單位之電腦網絡的"互聯網"遍及世界，現在使用者多達一億人。

114. 修馬克（E. F. Schumacher） 1911 － 1977，英國經濟學家，對現在文明的巨大主義及物質至上主義提出尖銳批評，並提倡"小即是美"（Small is beautiful）的經濟哲學。著有《人性復興的經濟》、《超越混沌的時代》等著作。

第十章　世界公民的必要條件——往返於"共同體"與世界中

115. 以賽亞・柏林（Isaiah Berlin） 1909 － 1997，拉脫維亞出身的英國政治哲學家。俄國革命後遷居英國，從自由主義的立場，批判歷史的決定論，並以敏銳的現實感和清晰的語言分析之多方面論文，成為現代英國政治思想研究的權威。

116. 範例轉換 科學史學家湯瑪斯・孔恩（Thomas Samuel Kuhn）著作《科學革命的結構》所提倡的概念。意思是理解世界的看法本身轉變，從牛頓的力學到量子力學的變化等即是。

117. 卡爾・雅斯貝爾斯（Karl Jaspers） 1883 － 1969，德國哲學家，存在哲學的代表性學者之一，同時也是極出色的精神病理學者。著有《現代的精神狀況》、《哲學》、《理性與存在》等書。

118. 優婆尼沙曇（Upanishad） 古印度哲學家的一派，附屬於婆羅門教之聖典吠陀經。主張"個人我"與"宇宙我"一致是其特色。

119. 赫拉克利特斯（Heraclitus） 約公元前 544 －約公元前 484，希臘哲學家，以火為萬物根源，說示萬物生生不息而聞名，更重要的是火、水、土皆為"一"此"語言"的想法。

120. 阿基米德（Archimedes） 公元前 287 －公元前 212，希臘數學家、技術人員。以槓桿原理和阿基米德原理等，對力學、幾何學的發展有貢獻，也以創始各種軍事技術而著名。

121. 西色拉・波克（Sissela Bok） 1934 年生，和平運動家、社會倫理學家，曾任布朗代斯大學哲學系助理教授。著有《為和平的戰略——人的價值與戰爭的威脅》等。

122. 齊克果（Kierkegaard） 1813 － 1855，丹麥哲學家、神學家。批判思辨合理主義者，主張基於經驗的個人主義。著有《到死的病》等。

123. 沙特（Jean-Paul Sartre） 1905 － 1980，法國哲學家。作為存在主義思想家從事創作外，二次大戰後以戰鬥的人道主義立場，積極發表言論。有《嘔吐》、《存在與無》、《到自由之路》等著作。

124. 尼采（Nietzsche） 1844 － 1900，德國哲學家。他認為歐洲文化的萎靡，是基督教的支配所造成，故主張出現新的天才來改變價值。對於二十世紀哲學、文學、思想各方面有很大的影響。

125. 漢娜・鄂蘭（Hannah Arendt） 1906 － 1975，美國女性政治學家。以其亡命經驗為基礎，分析納粹、史達林主義等集權主義國家的歷史位置和意義。對現代政治有很尖銳的評論。

126. 魯爾夫・巴羅（Rudolph Bahro） 1935 － 1997，德國新聞記者。1977 年在西德出版批判東德的官僚統治《社會主義的新展望》，以叛逆罪被判八年有期徒刑。1980 年參加〝綠黨〞的建黨。著有《超越東西德——從共產主義到生態學》等。

第十一章　人類共生的選擇——邁向地球的統一

127. 對沖基金（Hedge Funds） 這是投資顧問業者個人信託投資的一種。從以特定少數的大戶投資家所得到的資金，複雜地操控全世界的金融商品，作為本金之數十倍巨額的投機買賣。近幾年來，有人指出這樣的投資行動，嚴重影響了世界的金融市場，在 1997 年造成亞洲金融危險，成為被批判的對象。

128. 世界經濟大恐慌　發生於 1929 年至 1933 年，美國國民總生產毛額下降約 30%，銀行關閉一萬家左右，失業率達約 25%，其進口銳減和物價水準下跌，波及整個資本主義世界，為史上最嚴重的經濟大恐慌。關於其發生原因，有幾種不同的說法。

129. 列斯特・梭羅（Lester Thurow）　1938 年生，美國代表性自由主義派的經濟學家，麻省理工學院教授。他擔任許多傳媒的主筆，著有《零和社會》、《資本主義的未來》等。

130. 趙永植　1921 年生，現任韓國慶熙大學校長、亞太地域合作國際基金會總裁。著有《文化世界之創造》、《人類社會之重建》等。

131. 諾曼・卡曾斯（Norman Cousin）　1915 － 1990，出身美國，曾任三十五年綜合性評論雜誌的總編輯，跳出新聞的框框從事和平與國際文化交流。文學、教育學、人文學博士，曾獲多項國際和平獎。與 SGI 池田會長出版對談集《世界市民的對話》。

商務印書館 📖 讀者回饋咭

　　請詳細填寫下列各項資料，傳真至2565 1113，以便寄上本館門市優惠券，憑券前往商務印書館本港各大門市購書，可獲折扣優惠。

所購本館出版之書籍：＿＿＿＿＿＿＿＿＿＿＿＿＿＿＿＿＿＿＿＿＿＿＿＿

購書地點：＿＿＿＿＿＿＿＿＿＿＿＿＿　姓名：＿＿＿＿＿＿＿＿＿＿＿＿＿

通訊地址：＿＿＿＿＿＿＿＿＿＿＿＿＿＿＿＿＿＿＿＿＿＿＿＿＿＿＿＿＿＿

電話：＿＿＿＿＿＿＿＿＿＿＿＿＿＿　傳真：＿＿＿＿＿＿＿＿＿＿＿＿＿＿

電郵：＿＿＿＿＿＿＿＿＿＿＿＿＿＿＿＿＿＿＿＿＿＿＿＿＿＿＿＿＿＿＿＿

您是否想透過電郵或傳真收到商務新書資訊？　1□是　2□否

性別：1□男　2□女

出生年份：＿＿＿＿＿年

學歷：1□小學或以下　2□中學　3□預科　4□大專　5□研究院

每月家庭總收入：1□HK$6,000以下　2□HK$6,000-9,999
　　　　　　　　3□HK$10,000-14,999　4□HK$15,000-24,999
　　　　　　　　5□HK$25,000-34,999　6□HK$35,000或以上

子女人數（只適用於有子女人士）　1□1-2個　2□3-4個　3□5個以上

子女年齡（可多於一個選擇）　1□12歲以下　2□12-17歲　3□18歲以上

職業：1□僱主　2□經理級　3□專業人士　4□白領　5□藍領　6□教師　7□學生
　　　8□主婦　9□其他

最多前往的書店：＿＿＿＿＿＿＿＿＿＿＿＿＿＿＿＿＿＿＿＿＿＿＿＿＿＿＿

每月往書店次數：1□1次或以下　2□2-4次　3□5-7次　4□8次或以上

每月購書量：1□1本或以下　2□2-4本　3□5-7本　2□8本或以上

每月購書消費：1□HK$50以下　2□HK$50-199　3□HK$200-499　4□HK$500-999
　　　　　　　5□HK$1,000或以上

您從哪裏得知本書：1□書店　2□報章或雜誌廣告　3□電台　4□電視　5□書評/書介
　　　　　　　　　6□親友介紹　7□商務文化網站　8□其他(請註明：＿＿＿＿＿＿＿＿＿＿)

您對本書內容的意見：＿＿＿＿＿＿＿＿＿＿＿＿＿＿＿＿＿＿＿＿＿＿＿＿＿

＿＿＿＿＿＿＿＿＿＿＿＿＿＿＿＿＿＿＿＿＿＿＿＿＿＿＿＿＿＿＿＿＿＿＿＿

您有否進行過網上購書？　1□有　2□否

您有否瀏覽過商務出版網（網址：http://www.commercialpress.com.hk）？1□有　2□否

您希望本公司能加強出版的書籍：1□辭書　2□外語書籍　3□文學/語言　4□歷史文化
　　　5□自然科學　6□社會科學　7□醫學衛生　8□財經書籍　9□管理書籍
　　　10□兒童書籍　11□流行書　12□其他(請註明：＿＿＿＿＿＿＿＿＿＿＿＿)

根據個人資料「私隱」條例，讀者有權查閱及更改其個人資料。讀者如須查閱或更改其個人資料，請來函本館，信封上請註明「讀者回饋咭-更改個人資料」

香港筲箕灣
耀興道3號
東滙廣場8樓
商務印書館（香港）有限公司
顧客服務部收